도박사의 천공법

천천히 공부하는 학습법

도임자 지음

추천사

　　시중에는 저마다의 공부법을 얘기하는 수많은 서적들이 홍수처럼 쏟아지고 있다. 그러나 대부분의 책들은 교육학에서 추구하는 학습이론을 답습하는 형태의 것들이다.

　　이번에 울산과학고등학교 교장이신 도임자 박사님이 내어놓은 '도박사의 천공법'은 지금까지의 공부법을 자신하는 저술들과는 발상 자체가 판이하다.

　　도박사님이 울산과학고 초임 교장이 되기 위해 미국과 호주 등지를 장기간 연수하면서 보고 들은 내용과 4년간 과학고 교장으로서 학생들을 직접 지도하면서 겪은 생생한 경험들이 가감 없이 흥미롭게 녹아 있다.

　　누구나 이 책을 처음부터 끝까지 읽고 나면 '천천히 공부하는 학습법'의 진실에 동조하지 않을 수 없게끔 되어 있다. 이렇게 된 가장 큰 원인은 머리로 쓴 공부법이 아니라 실제로 학생들을 대상으로 자신의 공부법을 적용해 실험으로 증명한 내용들이기 때문이다.

　　공부에 있어서 기본 개념과 원리를 확실하게 터득하는 일이 무엇보다 중요하다는 것은 누구나 다 쉽게 인정하고 있다. 그러나 그 개념과 원리를 터득하는 방법이 구체적으로 어떤 경로를 거치는지를 설명하라면 막연해지게 된다. 이에 대한 명확한 대답이 이 책 속에는 다양한 예화를 통해 재미있게 제시되어 있다.

　　필자는 심지어 현장감을 살리기 위해 투박한 경상도 사투리까지 대화에 등장시키고 있다. 그래서 이 책은 공부법을 설명하는 재미없는 책임에도 불구하고 드라마틱한 재미까지 곁들여 있다.

학생들이 수학 시험을 보고 있는 장면을 유심히 관찰해 보면 수학에 자신감이 있는 학생은 노트 정리를 하듯이 또박또박 문제를 풀어 나간다. 그래서 이 학생은 거의 실수를 하지 않는다. 그러나 자신감이 없는 학생일수록 마음이 급해 너무 빨리 적으면서 풀이를 하다가 거듭 실수를 하는 모습을 볼 수 있다. 필자는 이 장면에 착안하고 있는 것 같다.

올바른 공부법을 터득한다는 것은 공부의 왕도를 깨닫는 것이라 할 수 있다. 그 왕도는 중요한 원리일수록 그 원리를 터득할 때까지 천천히 반복해서 읽다 보면 자기도 모르게 원리를 터득하게 된다는 것이다. 옛사람들이 이른 '뜻이 어려운 글도 자꾸 되풀이하여 읽으면, 그 뜻을 스스로 깨우쳐 알게 된다.'는 독서백편의자현(讀書百遍義自見)의 의미를 떠올리게 한다.

얼핏 생각하면 이 방법은 요즘 같은 초스피드 시대에 어울리지 않는 무모한 시도인 것처럼 보인다. 그러나 우리말 격언에 '급할수록 둘러 가라.'는 말이 있다. 공부법도 예외가 될 수 없다. 아무리 급해도 바늘허리에 실 매어 쓸 수 없듯이 공부가 아무리 다급해도 문제풀이나 암기만으로는 해결할 수 없다는 사실을 이 책은 증언하고 있다.

아무쪼록 공부에 힘들어 하는 많은 친구들이 이 책을 통해 배움의 즐거움을 속속들이 깨닫기를 바라며 추천서에 갈음하고자 한다.

강원대학교 명예교수, 달팽이 박사 권오길

아이들은 왜 공부하는 것을 싫어할까? 누군가 아이들에게 공부 방법을 가르쳐 본 적이 있는가? 공부 방법도 모르는데 공부만 하라고 하니 재미가 있을 수 없다. 그래서 문제집을 사면 끝까지 마스터하지 못하게 된다. 새로운 공부법으로 신나고 재미있게 공부한다면 얼마나 좋을까?

　지금까지 아이들이 가장 선호하는 공부법은 문제집에 있는 문제를 푸는 것이다. 문제를 푸는 이유는 시험에 비슷한 문제가 나오기를 기대하는 것이다. 우수한 성적을 얻으려는 학생들은 중간고사 한 번을 치루는 데 문제집 5권 이상을 풀어야 마음이 놓이는 학생도 있다.

　아이들은 공부 방법을 몰라서 공부를 못하고, 공부를 안 하니 공부가 재미없게 된다. 나는 공부하는 것을 재미없어 하는 아이들이나 잘하는 아이들에게 천공법(천천히 공부하는 학습법)으로 공부하게 하였다. 그것은 누구나 알고 있는 기본과 원리를 알게 하는 것이다.

　이 공부법으로 생각하면서 천천히 글을 읽게 하면 공부가 재미있다는 것과 알아가는 기쁨을 느끼게 된다. 또한 수업 시간에 어려운 문제를 혼자 풀거나 답을 맞혀 선생님으로부터 칭찬을 받게 된다. 이것이 공부를 시작하게 되는 계기를 마련해 준다.

　내 공부방 아이들 중 영인이는 학교 성적이 중간 정도였는데, '천공법'을 알고 난 후, 공부에 재미를 붙였고 전교 1등을 하였다. 어떤 기쁨이 이

보다 더 클 수가 있을까? 이것은 그리 어려운 일이 아니다. 공부할 본문의 개념과 원리를 생각하도록 한다면 이루어질 수 있다. 거의 대부분의 아이들이 태어나면서부터 공부를 잘하는 것은 아니다.

아이들은 모두 다양한 생각을 가지고 있다. 그 다양한 생각을 밖으로 끌어내어 자기 것으로 만들 수 있도록 기회를 주어야 한다.

천공법은 본문에 있는 내용을 생각하면서 천천히 읽는 것이다(Read with thinking it). 먼저 어떤 과목이든 첫 단원을 시작해 보자. 국어사전으로 모르는 단어의 개념을 찾아 여백에 적어 보자. 아이들은 천공법으로 개념과 원리를 알고 내용을 이해한다는 것이 신기하고, 실력을 쌓아가는 느낌이 들기 때문에 재미를 느껴 공부를 하고 싶어 한다. 공부하는 기분이 아니라 '연구하는 기분'이라고 아이들은 말한다.

아이를 열심히 공부하게 하려면 부모(교사)는 공부하는 아이를 가만히 지켜봐 주면 된다. 원리를 알면 문제는 쉽게 해결된다. 천공법으로 100일만 함께하면 아이들은 혼자서 공부하게 된다. 100일이면 공부하는 습관을 몸에 배게 할 수 있다. 아이가 태어나 목을 가누는 것도 100일이면 가능하다.

바른 인성은 바른 자세에서 생기듯이, 글을 천천히 생각하면서 읽으면 바른 인성을 기를 수 있다. 천공법은 인성과 지성을 모두 가르치는 교육 본연의 목적을 모두 달성할 뿐 아니라, 무엇보다 스스로 생각하고 연구하여 창의적인 인간으로 만들어 줄 것이다.

도 임 자

차 례 CONTENTS

차 례 CONTENTS

 5장 천공법을 배가시키기 위한 여러 가지 조언들 _ 179

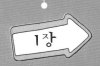

1장

도박사의 천공법 태동

– 공부방을 열다

공부방을 열게 된 사연

드디어 공부방을 열다

어릴 때 공부의 시기를 놓쳤다면 초등학교 고학년부터 시작하라.

그리고 초등학교에서 시기를 놓쳤다면

중학교부터 다시 시작해도 늦은 것은 아니다.

교육은 때가 있기 때문에 어릴수록 쉽다.

공부방을 열게 된 사연

:

**자녀의 성공이
부모의 성공이다**

　　요즘 각 대학에서는 입학사정관 제도를 도입
하여 이미 입학사정관이 입시를 관리하고 있다.
　　입학사정관에 의해 학생을 선발하는 것은 학교
성적뿐 아니라 여러 방면에서의 학생 특성을 평가하기 위한 것이다.

　지금까지는 내신이나 수능 성적만으로 상급 학교로 진학하였는데 입학
사정관 제도는 어떻게 평가하는 것일까?

　물론 성적이 높을수록 좋을 것이다. 그러나 성적이 높은 사람도 불합격
되는 경우가 있고 낮은 사람이 합격되는 경우도 있다. 성적이 일정 수준
에 속하면서 운동을 잘하거나 악기를 잘 다루거나 그림을 잘 그린다면 입
학사정관은 그 학생에게 우선 관심을 가질 것이다. 그리고 독서나 봉사
활동을 통하여 아이가 변화하는 모습이 나타났다면, 입학사정관은 더욱
관심을 가질 것이다. 또한 일시적이거나 짧은 시간 하는 것보다 오랫동안

지속적으로 봉사를 해 왔다면 더 많은 점수를 얻을 수 있을 것이다. 따라서 입학사정관 전형은 스스로 사회 활동을 찾아 실천하는 과정에서 무엇인가를 느끼고 바람직한 방향으로 변화한 아이가 높은 점수를 받을 수 있을 것이다.

우리 과학고등학교 학생들도 입학사정관이 평가하는 가산점을 얻기 위해 많은 계획을 세우고 이를 실천하려 노력하고 있다. 여기서 우리 학교 학생들에 대하여 잠시 이야기하고자 한다.

과학고등학교에 입학하는 학생들은 책을 가까이하는 것이 습관화된 경우가 많다. 또 어릴 때부터 문제 풀기를 좋아하였거나 퍼즐놀이를 즐겼거나 책을 많이 읽은 학생들이 대부분이다. 또 과학고등학교 학생 중에는 자신의 특성을 살리기 위해서 이러한 장점을 이용하기도 한다. 그리고 자기주도적 특별 공부법을 가진 학생들도 많다.

지금까지 과학고등학교는 입학사정관 제도를 도입하지 않았으나 전국 과학고등학교에서는 2011학년도 학생들을 입학사정관에 의한 자기주도학습 전형과 과학창의성 전형으로 선발하게 된다.

그러면 과학고등학교 학생들은 어떻게 공부하였기에 과학고등학교에 합격할 수 있었을까? 특별한 공부 방법이 있었을까? 이 질문은 비단 나뿐만 아니라 자녀를 둔 모든 학부모들의 관심사일 것이다. 나 역시 우리 과학고등학교 학생들을 보면서 자연스럽게 공부하는 방법에 관심을 가지게 되었다.

정도의 차이는 있으나 모든 부모들은 자녀가 훌륭하게 되기를 바라며, 교육에 대한 열정을 쏟고 있다. 예나 지금이나 부모들은 자녀의 교육을 위해서는 소를 파는 것도 마다하지 않고 마이너스 통장을 가지는 것을 두려워하지 않을 만큼 자녀 교육에 대해 투자를 아끼지 않는다. 이러한 우리나라 학부모들의 교육열은 미국의 오바마 대통령도 부러워했을 정도라고 한다.

어떤 부모들은 자녀 교육에 대한 열정으로 평행이론(Parallel Life)을 적용하기도 한다. 자녀의 자존심을 올려 주려고 자녀와 생일이 같거나 이름이 같은 유명한 사람을 찾아 그 사람처럼 되게 하려고 노력을 하기도 한다. 어떤 부모는 자녀의 이름과 같은 유명한 사람의 이름을 찾았더니 옛날에 국회의원을 지낸 적이 있는 사람을 발견하였다고 한다. 내가 이 책에서 소개하려고 하는 영인이 어머니 역시 영인이와 같은 생일을 가진 유명한 사람을 찾아보려고 했으나 찾지 못하였다. 다행히 영인산(Young in Mountain, 山)이라는 산이 있어 영인이를 데리고 그 산을 찾아가 본 적은 있다고 한다.

그리고 울산과학고등학교에 입학한 학생 중에 어떤 어머니는 아이를 임신하면서 '내 아이가 공부를 못하면 어떻게 하나?' 하고 걱정이 되어 자녀를 위해서 완벽할 정도로 준비하였다고 한다. 그래서 아이가 태어나자마자 장난감으로 책만 가지고 놀도록 하기도 하였다. 그리고 자녀가 알아듣지 못하여도 많은 이야기를 해 주었으며, 유아어를 사용하지 않고 반드시 기본어를 사용하여 자녀의 어휘가 늘도록 노력하였다는 어머니도 있었다. 이러한 부모들의 노력에 자녀가 잘 따라 주면 다행이나 자녀에게 적당한 학습이 아니면 자녀는 힘들어지게 된다. 대부분의 부모는 자기의 자녀가 초등학교에 입학하면서 우수한 학생임을 인정받고 싶을 것이다. 만약 그렇지 못할 경우 자녀와 부모는 오랫동안 심리적인 전쟁을 치르게 될 것이다.

결국 초등학교 고학년이 되고 중학생이 되면, 자녀가 어떻게 공부하는 가를 챙기기보다 시험 결과만 가지고 자녀를 대하게 되는 경우가 많게 된다. 자녀들은 우수하지 못한 점수에 친구나 교사 그리고 부모에게 기가 죽게 되고, 평소 부모와의 대화가 점점 줄어들게 된다. 그리고 부모는 자녀의 공부 감시자가 되어 간다.

자녀가 학교에서 공부하거나 과외 수업을 받을 때, 자녀가 무엇을 어떻게 배우고 있는지 잘 알고 있는 부모는 그리 많지 않다. 그러면서도 부모는 낮에 학교나 학원에서 열심히 공부하고 돌아온 아이에게 집에서도 밤 늦도록 계속 공부하기를 원한다. 요즈음의 자녀들은 자는 시간 외에는 공부만 해야 부모의 귀여움을 받는다고 한다. 그러나 '부모만큼 좋은 스승은 없다.' 라는 말이 있듯이 내 자녀가 무엇을 하는지 알아야 아이들에게 도움을 줄 것이다. 자녀가 누구를 만나는지, 어떻게 공부하는지 부모가 모른다면 그 아이의 마음은 다른 곳으로 달아날 수 있다. 그렇다고 부모가 자녀의 공부를 가르쳐야 하는 것은 아니다. 요즈음 공부를 가르쳐서 좋은 성적을 받게 하는 부모도 많고, 자녀 때문에 직장을 그만둔 어머니들도 많다. 하물며 미국에서는 자녀를 잘 키우기 위해 변호사 일을 그만둔 사례도 있을 정도라고 한다.

사실 자식이 훌륭하게 되면 그 부모의 인생이 성공하였다고 할 수 있으니, 세상의 모든 사람들이 자녀 교육에 큰 관심을 가질 수밖에 없다고 본다. 꼭 부모가 지식이 있고, 많이 알고 있어야 자녀를 잘 가르친다고 생각하는 것은 잘못된 것일 수도 있다. 학생을 가르치는 전문가는 교사이기 때문에 지식은 선생님으로부터 배워야 하지만 자녀가 공부할 수 있도록 분위기를 만들어 주는 것은 부모가 할 일이다. 자녀가 어느 장소에서 공부하는지, 어디서 무엇을 하고 있는지 관심을 가진다면, 그 아이는 공부하려는 마음이 더 커질 것이다.

자녀에게 특별히 관심을 갖고 교육해야 하는 기간은 사실 불과 몇 년 정도밖에 되지 않는다. 어릴 때 공부 시기를 놓쳤다면 초등학교 고학년부터 시작하라. 그리고 초등학교에서 시기를 놓쳤다면 중학교부터 다시 시작해도 늦은 것은 아니다. 교육은 때가 있기 때문에 어릴수록 쉽다. 평생교육이라는 말도 있지만 교육은 그 적기가 고등학교까지일 것이다. 대학은 고등학교까지 배운 것을 자기주도적으로 응용하고 적용하는 시기이며 혼자 공부해야 한다.

공부하는 시간의 양보다 공부하는 방법이 중요하다

부모가 자녀의 교육에 많은 관심을 가지는 것만큼 자녀는 무럭무럭 자란다. 하물며 '채전 밭의 식물들도 주인의 발자국 소리를 듣고 자란다.'고 하지 않는가? 마찬가지로 아이는 부모와 교사의 사랑을 느끼고 자라기 때문에 많은 사랑을 주어야 한다. 그렇다면 부모는 자녀가 공부하는 시간을 재는 것보다 어떻게 공부하고 있는지 확인해야 할 것이다. 이러한 확인이 어려울 것 같지만 그렇지 않다. 일단 아이가 무엇을 하는지 가만히 바라보기만 하면 된다. 그러면 대부분의 아이들이 본문을 공부하지 않고 문제만 열심히 풀고 있는 것을 관찰할 수 있을 것이다. 그것은 좋은 성적을 얻기 위해서 시험공부를 하고 있는 것임에는 틀림없지만 원리를 생각하지 않고 기본 개념도 모르면서 문제를 풀고 있다면 폭넓은 지식을 얻지 못할 것이다. 본문의 기본 개념과 원리를 이해하지 않은 문제풀이 학습 방법은 일시적 지식만 습득할 뿐이다. 그렇다면 푼 문제를 다시 읽어 보면 될 것이라고 생각할 수 있겠지만, 그것은 생각을 깊게 하지 않고 답만 확인하는 경우가 많기 때문에 좋은 방법이 아니다. 이런 일이 계속된다면 이는 정리된 지식이 아니기 때문에 그 시험이 끝나면 잠시 알고 있었던 지식에 불과하여 시간이 지나면 사라져 버릴 가능성이 높다. 그런데도 대부분의 부모들은 자녀가 문제를 풀고 있으면 공부하고 있다고 생각하므로 자녀를 대견하게 여길 수 있다. 또 아이가 푼 문제의 답이 맞으면 기뻐하지만 몇 개라도 틀리는 날이면 집안 분위기가 험하게 바뀐다.

내가 소개하려고 하는 영인이도 강원도에서 어머니의 권유로 A학원을 다녔는데, 학원에서 많은 문제를 풀었다고 한다. 그런데 언양으로 와서 내가 공부 방법을 알려 주고 본문의 개념을 정리하고 원리를 생각하면서 천천히 읽어 보라고 하였더니, 영인이 생각에 '이렇게 해서 시험을 어떻게 잘 칠 수 있을까? 문제도 풀어 보지 않고, 정말 이래도 되려나?' 하는 의아심이 들었다고 한다. 그래도 계속 시키는 대로 본문의 개념을 정리하고 원리를 생각해 보고 쓰기를 하였다.

그런데 어느 날 이종사촌인 다현이가 수학 문제를 들고 와서

"영인아! 너 이 문제 좀 풀어 봐. 왜 이리 복잡하노……."

그때 영인이가 눈이 휘둥그레졌다고 한다.

"이렇게 풀면 되지!" 하고 영인이가 말하였다.

"그래 맞다. 이런 방법이 있었구나."

사실 놀란 것은 다현이가 아니고 영인이였다. 그동안 문제만 풀고 있었

던 다현이는 그 문제를 풀지 못하였고, 본문만 열심히 읽고 쓰고 한 것밖에 없었던 영인이는 그 문제를 풀었다. 그런데 방금 다현이가 물었던 그 문제는 영인이가 이곳 언양으로 오기 전까지 못 풀어서 눈물을 흘렸던 적이 있는 문제였는데 자신이 풀었다는 것에 놀랐다고 하였다.

어떤 과목이든지 기초와 기본이 가장 중요하다. 이것은 생활의 모든 것에 해당된다. 부모는 자녀가 공부해야 할 단원에서 기초와 기본 개념을 알고 공부하는지 꼭 확인해야 한다. 아무리 많은 문제를 푼다 해도 기초와 기본을 잘 모르거나 부족하다면 그것은 완전한 자기의 지식이 될 수 없다. 게다가 그렇게 기초가 부족한 상태로 응용이나 심화 문제를 풀기 때문에 이해력 부족으로 틀리는 경우가 허다할 수밖에 없다. 그리고 자주 풀기 힘든 문제를 접하다 보면 모든 것이 어렵게 느껴져 자연히 그 과목까지도 싫어지게 된다는 점이다.

부모 입장에서야 자녀가 문제를 풀고 있으면 무조건 '공부하고 있다'고 생각되어 안심이 되겠지만, 자녀들은 본문이 이해되지 않은 상태에서 문제를 해결해야 하므로 많은 스트레스를 받고 있다.

기초와 기본이 부족한 자녀들은 그 과목의 내용을 깊이 이해하지 못하게 되므로 정확하게 문제를 풀어내지 못하는 것은 어쩌면 당연한 것이다.

기본은 어떻게 공부하는 것인가?

모든 일에 기본이 있듯이 공부에도 기본이 있다. 즉, 공부할 단원에 대하여 기본 개념부터 공부해야 한다. 기본이란 학습할 단원에서 모르는 낱말이 있어서는 안 되고, '그 문장 속에 나오는 하나하나의 개념을 정확하게 익혀야 함은 물론, 원리를 생각하며 천천히 읽으면서 문장 전체를 파악하는 것'이다. 그렇게 하면 문장과 문장을 마음먹은 대로 넘나들 수 있으며, 그 단원이 가지는 뜻을 충분히 알 수 있을 것이다. 그렇게 거듭하다 보면 무엇을 공부해야 하며, 왜 해야 하는지 터득할 수 있게 된다.

그리고 개념을 익힌 후, 문장을 충분히 파헤쳐 공부한 후에 기본 문제를 연구해 본다. 기본 문제가 무엇을 묻기 위해 문제로 만들었는지 생각해 보기도 하고, 과정을 써 보기도 하며 몇 번씩 풀어 본다. 어려운 문제는 간단한 기본 문제에서 출발되었음을 잊어서는 안 된다. 그런 후 시험 일자가 발표되면 다시 본문을 한 번 읽고 쉬운 문제부터 이해한 후에 어려운 문제를 풀어야 한다. 많은 시간이 필요할 것 같지만 계속하다 보면 오히려 문제풀이만 하는 것보다 짧은 시간에 실력을 높일 수 있다. 반면에 알아가는 기쁨이 무척 커진다. 아이들이 기본 개념과 원리에 대하여 공부한 후, 문제를 풀어 보고 시험을 치르면 성적이 향상될 것이고 생활 습관도 바르게 가질 수 있게 될 것이다. 기본을 제대로 가르치지 않고 응용부터 하게 한다면 아이들은 자기의 분야에서 쉽게 성공할 수 없다.

기본이라는 것은 근본을 말하는 것인데, 근본은 사물이 발생하는 근원이라는 것이다. 주어진 문제가 어디서 발생하였는지 안다면 그 문제를 쉽게 해결할 수 있다. 그러나 그 근원을 알지 못한다는 것은 문제를 풀 수 있는 실마리를 찾을 수 없다는 것이다. 첫 글자가 무엇인지도 모르면서 다음 글자를 무슨 자로 쓸 것인지 생각하는 것은 어리석은 일이다.

아이들이 많이 다루는 '문제'(problem, 問題)를 국어사전에서 찾아보면

1. 해답을 요구하는 물음
2. 논쟁, 논의, 연구 따위의 대상이 되는 것
3. 해결하기 어렵거나 난처한 대상 또는 그런 일

이라고 해석되어 있으며, 영어사전에서 찾아보면

1. 문제, 의문, 난문제
2. 문제아, 다루기 어려운 사람, 골칫거리

로 되어 있다.

문제는 '모르는 것 혹은 다루기 어려운 것, 골칫거리' 등을 말한다. 아이들에게 개념이나 원리를 가르쳐 주지 않고 어려운 것을 해결하라고 하는 것은 요령 없이 무거운 짐을 혼자 지고 가라고 하는 것과 다를 바가 없다. 물론 태어나면서 아주 영특하여 한 번 듣거나 보면 다 알 수 있는 능력을 가진 사람이라면 가능할 수도 있다. 하지만 평범한 우리 아이들이라면 훈련시켜 그 어려운 문제(골칫거리)를 해결할 수 있게 해야 할 것이다. 이러한 방법으로 어떤 과목이든지 기본적인 이론이나 원리만 훈련시키고 나머지는 아이가 스스로 해결할 수 있도록 뒤에서 바라보고 있으면 아이는 제 길을 찾아가게 되어 있다. 이런 훈련 과정을 거치지 않고 아이에게 빨리 해결하라고 나무라고 다그치기만 하면 아이는 어떻게 할지 몰라서 부모와 멀어질 수 있다. 부모가 우선적으로 해야 할 가장 중요한 일은 자녀가 스스로 학습할 수 있도록 환경을 만들어 주는 것이다.

　　　그렇다면 대부분의 부모는 이렇게 질문할 것이다.

"우리도 기본이 중요하다는 것쯤은 알고 있어요. 하지만 그 기본을 어떻게 가르쳐야 한다는 것이지요?"

사실 나도 이 문제 때문에 많이 고민하였다. 특히 내가 학습법에 관심을 가지게 되면서 이 문제를 고민해 왔다. 만나는 사람 중에 명문대를 나왔다거나 사회 저명인사를 만나면 어김없이

"학창 시절에 어떻게 공부하였는지 특별한 공부 방법이 있다면 알려 주세요."

라고 여쭈어 본다. 그러면 그들은 한결같이 기초와 기본을 튼튼히 공부하였다고 했다.

무엇보다 나에게 큰 영향을 준 것은 선진국의 교육 방법이었다. 나는 현재 울산과학고등학교를 개교하기 전에 미국과 호주에서 9개월 동안 '영재아 교육 방법 연구'를 위한 연수 기회를 가지게 되었는데, 거기서 앞서 가는 선진국의 교육 방법을 보게 되었다.

선진국의 교육 방법은 우리나라와 차이가 있었다. 학교의 수업은 기본 개념과 기초 원리를 이해시키는 데 대부분의 시간을 보내고 있었다. 거의 모든 수업은 토론하고 발표하며 원리를 이해하는 수업이었다. 아이들은 새로운 것을 알았다는 기쁨에 충만한 것 같았다. 최소한 그 아이들의 얼굴에서 어려운 문제풀이에 고민하고 있는 표정은 읽을 수 없었다.

미국의 어느 중학교에 한국에서 전학 온 아이가 있었다. 그 아이는 중학교 2학년생으로, 이미 한국에서 배운 내용이었고 열심히 공부하였으므

로 그곳에서 우등생이라고 하였다. 그러나 시간이 지날수록 문제를 파악하고 논리적으로 설명하는 능력이 한계에 부딪혀 미국 학생들을 따라가기가 어렵다는 것을 알게 되었다. 결국 학교를 졸업할 시기에 이르러서는 가지고 있는 지식이 차이가 많았다. 이것이 바로 기본과 원리의 차이에서 생긴 일이라 할 수 있을 것이다.

선진국 교육 방법의 특징은 우리나라처럼 급하게 서두르지 않는다는 것이다. 교사가 서서히 기초부터 가르친다. 기초를 모르면 처음부터 다시 시작하고 또 시작하여 이해될 때까지 책임지고 가르친다. 이런 수업에서 아이들은 새로운 것을 알게 되는 기쁨을 충분히 느낄 수 있게 된다. 게다가 선진국에서 가르치는 기본 교육에는 인성 교육까지 포함되어 있다. 당연히 생활 태도의 기본까지 갖추게 되는 것이다.

'마틴 메이어' 라는 네덜란드 교사가 "교육이란 지식만 가르치는 것이 아니라 체, 지, 정, 의를 모두 가르치는 것이다."라고 말했던 이유가 바로 여기에 있다.

우리의 교육이 지성과 인성을 포함한 전인 교육보다 주요 과목 몇 개에 해당하는 지식 교육에만 몰입되어 있는 것은 빨리빨리 문화가 만들어 낸 산물이다.

수학 과목에 대한 고민   울산과학고등학교는 2006년에 개교하였다. 개교와 동시에 나는 우리 학교 학생들이 어떻게 공부하고 있는지 자세하게 관찰하였다. 그런데 대부분의 학생들이 자율 학습 시간에 문제풀이를 하고 있었다. 특히 수학 과목은 기본 문제보다 어려운 문제를 많이 풀고 있었다. 물론 학생들이 한 문제에 대하여 생각에 생각을 거듭하여 끝까지 풀어내는 것은 좋은 방법이라고 생각되기도 하였다. 하지만 대부분의 학생들은 어려운 문제에 너무 많은 시간을 보내고 있었다. 수학은 당연히 문제를 풀어야 하겠지만 본문 내용의 원리를 생각하고 기본 문제를 충분히 다루고 난 다음에 난해한 문제를 다루어야 한다. 나는 자주 우리 학생들이 수학 문제만 풀고 있는 것을 보고, 문제뿐만 아니라 원리를 사고하도록 해야 한다고 생각하였다. 그래서 수학에 관한 책을 읽고 나면 그 수학책을 쓴 저자에게 편지를 보내기도 하였다. 그분들께 우리 학교 학생들이 보다 문제를 적게 풀고 수학을 잘할 수 있는 길을 안내해 달라고 부탁하기도 하였다.

전국의 자연계열에 있는 우리나라 학생들은 수학 과목을 공부하는 데 많은 시간을 보내야 하기 때문에 다른 과목을 공부할 여유가 없다고 한다. 그런데 외국의 학생들은 다른 과목을 공부할 수 있는 충분한 여유를 가지고 생활하고 있는 것이 부러웠다. 이렇게 수학 과목에 많은 시간을 보내고 있는 우리 학생들이 머릿속에서 떠나지 않은 어느 날, 수학에 관한 책을 읽게 되었다. 그리고 마치 그 저자가 수학 공부법의 전문가로 생각되어 그분을 초청하여 학생들에게 수학 특강을 듣게 하고 싶었다. 그래서 메일을 보냈다. 우선 우리 학생들의 수준이나 분위기를 말씀드리기 위해 만나 뵙기를 청하였다. 마치 그분이 우리 학교 학생들에게 수학에 대한 모든 것을 해결해 줄 것 같다는 생각이 들었다.

그런데 다음 날 메일이 왔다. 기뻤다. 나는 모든 학생들이 고민하고 있는 수학 과목의 문제를 해결할 수 있다고 생각하였다. 그러나 기쁨은 순

Dear, President Doh

This is Rhim,Yik

First of all, I 'd like to say that I appreciate your deep concerns about my book.

I am really happy to hear that you have considered my book as not-bad stuff.

Surly,,I am willing to contack you without hesitation.

and I am quite willing, even eger, to help you, from an educational point of view, or anything.

However, unfortunately, I can not do anything right now, because I have been stayed in USA.

But,I shall have a long vacation around this coming Winter season, which can make me

have a chance to visit Korea.

So, If possible, or hopefully, let me call you at that time,,

Or you can call me also..

If you have any questions , please feel free to send an email to me.

Take care,,

Bye

Sincerely,,

Rhim, Yik

---- Original Message ----
From : 도임자(ijdoh@use.go.kr)
To :
Sent : Sunday, Sep 10, 2006 07:31 PM
Subject : 울산과학고등학교

간이었다. 미국에 살고 있어 우리 학생들에게 수학 공부 방법에 대해 특강을 할 수 없다는 것이었다. 나는 다시 한 번 편지를 하였고, 다시 답변이 왔지만 수학을 해결할 수 있는 특별한 공부 방법을 얻지 못하였다. 나는 결국 그분을 만나지 못하였지만 그 단행본을 다시 읽으면서 생각하였다. 그리고 수학 문제를 접하였을 때 "아하!"라고 할 수 있도록 "어떻게 문제를 해결할 것인가?"에 대한 생각을 거듭나게 하는 것이 중요하다는 것을 알게 되었다.

그 후에도 나는 항상 기초를 닦는 학습법을 알아내기 위해 고등학교 때 성적이 우수하였던 사람들만 만나면 어떻게 해서 공부를 잘할 수 있었는지에 대해 물어보는 것이 습관이 되었다. 지금도 나의 생각은 항상 학습법에 집중되어 있다.

드디어 공부방을 열다

노는 아이들을
공략하다

　　본교는 과학영재를 위한 특수목적고등학교로 처음 개교하는 학교이기 때문에 울산 시민들의 관심이 높았다. 특히 울산시내 초·중학교의 학부모나 학생들은 본교를 방문하기를 좋아하였고 또 공부를 어떻게 해야 하는지 상담을 요청하기도 하였다. 본교를 방문한 학생들 중에는 과학고등학교를 방문하고 자극을 받아 열심히 공부하게 되었다는 아이들도 있다. 이렇게 학교 방문이나 상담을 해 주면서 본교가 있는 농촌 지역의 학생들도 본교를 방문하였으면 하고 생각하였다. 그리고 개인적으로 만나는 중학생들에게도 본교를 방문하여 학습실이나 실험실을 보고 공부를 할 수 있는 자극을 받았으면 좋겠다고 전하기도 하였다.

　　부모를 따라 본교를 방문한 초·중학생들은 과학실과 수학실, 기숙사와 학습실, 천체관, 그리고 도서관을 관람하였다. 천체관에서는 지붕이 열리면서 하늘에 있는 태양이나 별을 보게 하므로 우주의 신비를 맛보게 하였다. 이때 아이들은 천체관의 지붕이 열리는 것을 보면서 신기하게 생각하고 우주에 관심을 가지기도 하였다. 그리고 학습실에서 공부하고 있는 과학고등학교 학생들의 모습을 보여 주면 과학고등학교에 입학하여 과학자가 되고 싶다는 꿈을 가지기도 하였다. 이러한 일이 반복되면서 나는 아이들에게 학습할 수 있는 동기부여가 매우 중요하다는 것을 확인할 수 있었다. 또한 자극받을 수 있는 환경을 만들어 주는 것이 바로 우리들 교사가 할 일이며, 곧 이것은 아이를 변화시키는 지름길이라는 것을 느꼈다.

별자리를 찾아보는 학생들

과학실에서 실험하는 학생들

공부방의 문을 열게 해 준 명재와의 만남

그렇게 본교를 방문한 학생 중에 '명재'라는 아이가 있었다. 부모와 함께 학교를 방문하였을 때가 11월이었다. 당시 명재는 이곳 농촌에 있는 중학교 2학년생이었다. 명재 부모님은 우리 학교의 시설과 과학고등학교 학생들의 공부하는 모습을 보고 부러워하였다. 명재도 마찬가지였다. 명재 아버지께서는 이렇게 말씀하셨다.

"선생님, 명재를 어떻게 하면 좋커십니꺼? 이 아이가 성적이 성적이 아닙니더."

그런데 명재의 이야기를 들으니 평소 명재는 나름대로 공부를 열심히 한다고 하는데도 다른 아이들을 따라가지 못한다고 하였다. 나는 명재에게 공부를 지금까지 어떻게 하였는지 설명해 보라고 하면서 '천천히 하는 공부 방법'을 알려 주었다. 그런데 내 말을 듣던 명재의 눈이 반짝거리기 시작하였다. 명재는 갑자기 이렇게 말하는 것이었다.

"선생님, 후회가 막심합니더. 1년 전에 선생님을 만났더라면 얼마나 좋았을까예. 저도 이 학교에 꼭 입학하고 싶습니더."

명재의 눈빛은 분명히 '공부하고 싶다'라는 의욕으로 가득 차 있음을 강하게 느낄 수 있었다. 그러나 사실 명재는 이미 본교 입학 지원 자격이 되지 않았다. 본교의 입학 자격은 중학교 2학년 성적부터 반영되므로 명재의 성적으로는 지원조차 할 수 없는 상황이었다. 그러나 방법이 없는 것은 아니었다. 올림피아드 전국대회에 입상하면 가능했기 때문이었다. 명재는 두 주먹을 불끈 쥐었다.

그때부터 명재는 오로지 울산과학고등학교에 입학하겠다는 목표로 공부에 매진하려 했지만 마땅히 공부할 곳이 없었다. 요즈음 아이들은 집에서 공부하기가 어렵다. 그 이유는 TV와 컴퓨터 게임이 유혹하고 있고, 찾아오는 손님 등으로 주변이 산만하기 때문이다. 명재도 집에서는 공부하기가 어려웠다. 공부할 장소를 찾아 울주도서관이나 독서실로 공부하러 간다고 하였다. 나는 공부하고 있는 명재에게 가끔씩 전화로 격려해 주며 용기를 북돋워 주었다.

또 가끔씩 방과 후에 명재의 학교 앞에서 명재를 만나 어떻게 공부하고 있는지 물어보았다. 그리고 기본적인 개념이나 원리를 생각하면서 공부하는 법을 알려 주었다. 그 결과 명재는 중학교 3학년 졸업 때 장학금을 받는 영광을 누리기도 하였다. 비록 우리 과학고등학교에 입학하지는 못했지만, 명재는 지금 다른 고등학교에 진학하여 큰 꿈을 가지고 공부하고 있다.

드디어 열게 된 공부방

나는 '명재 사건'을 겪으면서 방과 후 공부할 곳이 없어 공부를 못하는 학생들이 있다는 사실을 알게 되었다. 그래서 인근 중학교 교장 선생님께 의사를 타진하고 공문을 보내어 학생들을 위한 공부방을 우리 학교에 개설하기로 하였다. 그 후, 이 지역의 중학생이 공부하러 오면 우리 과학고등학교 학생들이 그 중학생들에게 공부를 가르치고 상담을 해 주기도 하였다. 그리고 나는 시간이 나는 대로 틈틈이 공부방 학생들에게 나의 공부 방법을 알려 주면서 시도해 보라고 하였다.

"공부는 천천히 하는 것이다. 그리고 생각하고 이해해야 한다."고 강조하였다. 어떤 아이는 무척 잘 따라 하며 좋은 성적을 올리기도 하였고, 공부에 흥미를 갖는 학생들도 있었다. 우리 공부방은 늦은 밤까지 불을 밝힌다. 공부방에 오는 중학생의 부모님들은 과학고등학교 학생들이 중학생들의 공부를 가르치는 것을 매우 좋아하였다. 그리고 나의 인성 교육이나 공부 방법도 좋아하였다.

우리 공부방의 아이들은 과외 수업은 받지 않고 학교 수업만 받는 학생들이 많다. 우리 학교 공부방이 아니면 명재처럼 울주도서관이나 독서실에서 공부해야 한다. 20여 명 되는 공부방의 아이들은 거의 20분 이상 시골길을 걸어오거나 버스를 타고 오기도 한다. 그래도 방과 후에는 공부방을 찾아서 울산과학고등학교로 오고 있다. 아이들은 "이곳에만 오면 공부 이외의 것은 할 수 있는 것이 없어 공부만 하게 된다."고 한다.

나는 먼저 공부방에 오는 학생들이 어떻게 공부하는지 자세히 관찰하였다. 역시 대부분의 아이들은 본문을 한번 쓱 읽어 보고 문제풀이를 하는 것을 볼 수 있었다. 나는 미국에서 배운 학습 방법을 떠올리며 아이들에게 설명하였다.

"너희들은 문제풀이에만 매달리는데, 문제는 본문의 개념과 원리를 정확하게 알면 별 어려움 없이 풀 수 있어. 그러니 본문을 이해하며 천천히 읽도록 해 봐."

공부방에는 중학생들을 위해 몇 권의 헌 국어사전을 사 놓았다. 나는 아이들에게 공부할 내용을 정하면 반드시 먼저 국어사전으로 모르는 단어를 찾아 써 놓고 본문 내용을 생각하면서 읽고, 읽은 내용을 기록하도록 하였다. 왜냐하면 뜻도 모르면서 지나치는 단어들이 많기 때문이었다.

공부방의 모습

　공부를 제대로 잘하기 위해서는 무엇보다 태도가 중요하다. 그러나 여기에 온 아이들은 대부분 자세가 제대로 잡혀 있지 않은 아이들이 많았다. 의자에 앉는 자세가 바르지 못한 아이, 연필 잡는 방법이 잘못된 아이 등 공부를 할 수 있는 자세가 잡혀 있지 않았다. 나는 연필 잡는 기본부터 가르치면서 태도를 바로잡아야 공부도 잘할 수 있다고 가르쳤다.

　이와 같이 어느 정도 기본적인 공부 방법을 알려 주고 난 다음부터 학생들 스스로 공부하게 하였다. 점차 시간이 흐르면서 아이들은 스스로 공부할 교재를 정한 다음, 각 단원별로 사전으로 단어를 찾고 천천히 읽어 가는 방법으로 공부에 집중하였다. 쉬는 시간이 되어도 그전처럼 노는 아이가 없었다. 이것은 아마도 아이들이 그동안 몰랐던 공부의 맛을 알게 된 때문이리라. 무엇보다 아름답게 보이는 것은 아이들끼리 서로 도우며 공부하는 모습이었다. 공부의 재미를 알게 되니 친구에게 가르쳐 주고 싶은 마음도 생긴다고 하였다.

이런 가운데 내가 하는 역할은 아이들이 공부를 어떻게 하는지 관찰하고 결과를 점검해 주는 것이다. 이때 잘한 아이에게는 칭찬을 꼭 해 준다. 반드시 지금은 현재 잘하지 못해도 다음에는 희망이 있다고 알려 준다.

아이와 대화를 할 때 아이의 표정을 읽고 기분을 헤아리면서 말하는 것은 아주 중요하다. 왜냐하면 이때 교사가 하는 말 한마디에 따라 아이는 영웅이 될 수도 있고, 패배자가 될 수도 있기 때문이다.

2장

전체 50% 이하 성적에서
1등급(1등)으로

– 영인이 이야기

영인이와의 만남

드디어 전교 1등을 하다

나는 사람들과 대화할 때 경청은 기본이라고 생각한다.

경청은 다른 사람의 말을 이해하고 행하려고

노력하는 것이라고 생각한다.

즉, Under Stand 해야 Understand 한다는 말이 있다.

나의 귀를 상대의 입 가까이 가져가야 잘 들린다는 뜻으로,

몸을 낮추어 상대를 높이며 말을 듣는 것을 경청이라고 한다.

그런데 다른 아이들과 달리, 영인이가 바로 경청을 하는 것이었다.

내가 말할 때 영인이는 정확히 내 눈을 보고 있었다.

영인이와의 만남

:
·

강원도에서 온 아이 　　　　　나에게 자녀의 공부 상담을 하러 온 학부모
　　　　　　　　　　　　　　중에 도훈이 어머니가 계셨다. 그분은 누구보
다도 자녀 교육에 관심이 많아 도훈이와 다현이 손을 잡고 나를 찾아와
공부 상담을 하곤 하였다. 그러던 어느 날 도훈이 어머니께서 자신의 두
아이들뿐만 아니라 두 명의 조카를 데리고 오셨다.

"야는 영인이고, 야는 영라입니다. 강원도 사는 조카들인데, 과학고등
학교 구경 좀 시켜 줄라고 데리고 왔십니더."

"강원도 원주에도 강원과학고등학교가 있는데 멀리까지 왔네요."

내가 이렇게 말하였더니 영인이는 "과학고등학교는 공부 잘하는 학생
들만 다니는 곳이어서 저하고는 너무 멀게 느껴져 한 번도 안 가 봤다."고
하였다. 그런데 이모가 과학고등학교에 간다고 해서 그냥 한번 따라와 봤
다는 것이었다.

나는 영인이와 영라가 우리 동네 애들도 아니고 해서 도훈이와 다현이 눈높이에 맞춰 상담을 하기 시작했다.

"과학고등학교에 들어오고 싶어서 왔나?"

"공부는 어떻게 하노?"

등을 물어보면서 이야기를 계속해 나갔다. 그런데 내가 학습 방법이나 생활 태도에 대해 물어볼 때 도훈이와 다현이보다 영인이가 더 나하고 눈을 맞추려고 하였다.

사실 나는 나름대로 성공할 수 있는 아이들의 기준을 정해 놓은 게 있었다. 즉, 성실하거나 정직하거나 정리정돈을 잘하거나 남의 말을 경청하거나 책임감이 강하거나 인내심이 강하거나 창의성이 독특하거나 독서를 많이 하거나 생활 태도가 좋거나 질문을 많이 하거나 경험이 많거나 등이다. 사실 이 모든 것들을 하나로 표현하는 단어가 바로 좋은 인성이다. 사람은 인성이 좋으면 무조건 성공할 수 있다고 본다. 여기서 말하는 인성이란 기본적인 생활 태도를 말한다. 그런데 다현이와 도훈이도 태도가 좋았지만, 영인이가 내 질문에 답하고 행동하는 모습에서 이러한 좋은 인성을 가졌다고 생각하였다.

나는 사람들과 대화할 때 경청은 기본이라고 생각한다. 경청은 다른 사람의 말을 이해하고 행하려고 노력하는 것이라고 생각한다. 즉, Under Stand 해야 Understand 한다는 말이 있다. 나의 귀를 상대의 입 가까이 가져가야 잘 들린다는 뜻으로, 몸을 낮추어 상대를 높이며 말을 듣는 것을 경청이라고 한다. 평소 대화를 나눌 때 상대의 눈을 쳐다보면서 고개를 끄덕여야 성의 있게 보이며, 상대가 마음을 열고 대화하게 될 것이다. 그런데 다른 아이들과 달리, 영인이가 바로 경청을 하는 것이었다. 내가 말할 때 영인이는 정확히 내 눈을 보고 있었다.

그때를 이용해 나는 물었다.

"너는 이름이 무엇이냐? 남의 말을 경청하는 태도가 특별하다. 너 진짜 공부 잘하겠구나."

사실 영인이는 지금까지 영인이 언니가 공부를 워낙 잘하여 모든 사람이 언니를 칭찬하였고 영인이는 칭찬을 거의 들어본 적이 없었다. 그런데 내가 한 그 말은 영인이에게 큰 기쁨과 용기를 주게 되었다. 보통 사람들은 어릴 때 들었던 칭찬을 평생 기억하고 좋아하게 된다. 그리고 그 간단한 칭찬 한마디에 인생이 바뀌는 경우도 허다하다. 영인이가 그렇게 되는 순간을 맞이하게 된 것이다.

팔자 고치는 방법　　　　나는 영인이와 눈을 마주치면서 영인이가 내 말을 이해하고 있다는 확신이 들었다. 그때 영인이에게 "원래 사람 팔자는 타고나는 기다. 그래서 사람들은 절대 팔자를 고칠 수 없다고 생각하지만 사실 팔자를 고치는 방법이 있다. 세상에 불가능한 게 어디 있노. 눈 밝은 스승을 만나 지도를 잘 받거나 독서를 많이 하여 지식이 높아지거나 좋은 친구를 만나거나 좋은 환경에서 공부를 한다면 자기 자신의 태도를 바꾸게 될 것이고, 태도를 바꾸면 팔자를 고칠 수 있을 것이다."라고 말하였다.

내 말 한 마디 한 마디에 영인이 눈이 반짝거리는 것이 마치 사막에서 오아시스를 만난 듯한 눈빛이었다. 사실 '팔자'라는 말은 아이들에게 어울리지 않는 것 같았지만 며칠 전 친구가 보내 준 메일이 생각나서 이야기를 한 것뿐이었다. 메일의 내용은 눈 밝은 스승을 만나면 아이의 팔자가 바뀔 수 있으니 나에게 '아이들 지도를 잘하라' 는 내용이었다.

"저는 그동안 공부가 재미없었습니다. 그래서 공부를 안 했고, 성적도 좋지 않습니다. 이런 저도 팔자를 바꿀 수 있나요?"

영인이의 질문에 나는 고개를 끄덕였고, 영인이가 두 주먹을 불끈 쥐는 것이 보였다. 영인이는 이제야 자기가 무엇을 해야 할지 알 것 같다고 하며 집으로 돌아갔다.

열정이 생기면 반드시 행동이 뒤따르는 법이다. 집으로 돌아간 영인이는 뭔가 솟구쳐 오르는 마음을 억누르지 못하고 곧바로 어머니께 말씀을 드렸다고 한다. 울산과학고등학교에 가서 나를 만난 이야기, 공부를 해야겠다고 마음먹은 이야기에 영인이 어머니는 깜짝 놀랐다고 한다. 강원도로 돌아간 영인이는 곧바로 나에게 메일을 보내왔다. 그리고 얼마 지나지 않아 전화가 왔다. 영인이 어머니였다.

"우리 영인이가 저리 좋아하는 건 처음 봅니다. 도대체 선생님께서 무슨 말씀을 하셨기에 애가 저리 바뀌었는지……. 그래서 말인데, 꼭 한 번 찾아뵙고 인사드리고 싶습니다."

사실 학생들을 많이 만나는 요즈음의 생활이라 기억은 하고 있지만 염두에 두고 있지는 않았다. 그런데 전화를 받는 순간 영인이 어머니가 '맹자의 어머니' 같다는 생각이 들었다. 그 다음 날 영인이 어머니께서는 아이들 몰래 왔다며 그 먼 길을 찾아오셨다. 이름도 모르니 휴대폰에는 '강원도 맹모' 라고만 입력시켜 놓았다.

영인이 어머니의 첫인상은 단아한 우리네 어머니의 모습 그대로였다.

그러나 이야기를 나누면서 영인이 어머니의 자식에 대한 교육열이 대단히 높다는 것을 느낄 수 있었다. 영인이 어머니는 교육에 관한 책을 많이 읽어 보신 분이었다. 자녀 교육에 관하여 해박한 지식을 갖고 있었을 뿐만 아니라 영인이의 행동이나 성격을 완전히 파악하고 있기 때문에 영인이를 공부시키는 데 어려움이 없겠다고 생각되었다.

그런데 자신이 그렇게 노력하여도 영인이는 공부와 담을 쌓은 아이처럼 행동하였는데, 어떻게 선생님을 한 번 만나 뵙고 이렇게 아이가 바뀔 수 있냐며 나에게 되물어왔다. 그리고 덥석 이렇게 말하는 것이었다.

"선생님께서 허락해 주신다면 제가 우리 영인이와 함께 이곳으로 와서 공부를 했으면 합니다."

이 얼마나 헌신적인 부모의 사랑인가! 영인이 어머니는 아이를 위해서 이미 삶의 터전까지 옮기겠다는 결심을 하고 온 것이었다. 하지만 이사까지 오겠다는 어머니의 말에 나도 생각할 시간이 필요했다. 그리고 방학이 되면 학교에 놀러 오라는 인사와 함께 영인이 어머니를 보내드렸다. 너무 먼 곳이라 이곳까지 올 수 있을까 생각하며 그렇게 2008년을 보내고 있었다. 그리고 얼마 후, 영인이가 메일을 보내왔다. 메일이 왔지만 깊은 관심을 두지 않았기에 한참 후에 답을 하였다. 그리고 영인이 어머니의 편지도 받았다.

안녕하세요. 요즘 날씨가 쌀쌀
한데 감기 조심하세요.
저는 원주에 사는데요, 오늘 사
촌동생 도훈이와 동갑인 다현이
가 울산과학고등학교에 간다는
말을 듣고 함께 따라가게 되었
어요. 처음에는 그냥 많은 기대
를 하고 가지는 않았어요. 특목

영인이와 영인이 어머니

고를 많이 생각해 보기도 했고 평상시에 과학을 잘하고 좋아하기는
했지만 수학을 매우 못하는 저였기 때문에 과학고등학교는 상상조
차 할 수 없는 것이었어요. 하지만 오늘 선생님과 대화를 하면서 정
말 실력이 안 되기는 하지만 가고 싶다는 큰 충동이 생겼어요.

솔직히 울산과학고등학교에 방문했을 때 선생님께 교육을 받는 아
이들이 부러웠어요. 그리고 선생님의 실험 대상이 되고 싶다는 생
각도 있었어요. 하지만 이렇게 이메일을 주고받을 수 있다는 것도
너무나 큰 기쁨이에요!

저의 꿈은 선생님이에요. 처음엔 초등학교 선생님이었는데 중학생이
되면서 점점 과학을 좋아하게 되어 과학 선생님이 되고 싶다는 생각
이 조금씩 조금씩 들고 있는 추세예요. 이렇게 아직 확고한 꿈을 가
지진 못했지만 선생님을 보면서 정말 나도 저런 학생들의 교육을 위
해 살고 싶다는 생각이 들었어요. 선생님은 제게 강한 인상을 주셨어

요. 음…… 저는 선생님께 별 인상은 못 드렸겠지만요. 어쨌든 이렇게 교육에 열정이 많으신 선생님을 만나서 영광이었고요.

안녕히 계세요!

✉ 🐦 선생님 편지

영인아!

지금에야 시간을 내어 너에게 편지를 쓴다. 답장이 늦어 정말 미안해. 그동안 출장과 함께 여러 복잡한 일들이 있어서 마음을 내지 못했구나. 이해해 줄 수 있겠니?

나의 취미는 옛날엔 펜팔이었어.

몇몇의 친구들과 편지 나누기를 즐겼단다.

그러다가 생활이 바빠지면서 편지를 하지 못하고 말았단다.

네가 찾아온 날 솔직히 처음에는 그냥 같이 온 손님으로만 생각하였는데, 이야기를 하다 보니 너의 가족이 특별한 가족이라는 것을 알게 되었어.

너의 가족은 일단 총명한 가족이라는 것을 알게 되었고, 다른 사람의 말을 들을 줄 아는 분들이었음에 마음이 갔어.

그리고 처음에는 도훈이네만 이야기해 주면 되겠다 싶었어.

그런데 자꾸 이야기를 하다 보니 너에게 관심이 많이 가게 되었어.

사람의 인연이란 참 우스운 것이다.

어디에서 어떻게 만날지 모른단다.

그리고 어떤 인연이 될지도…….

나는 네가 참 마음에 든다. 네가 원한다면 너의 선생님이 되고 싶어.

선생님이 아니라 네 친구가 되는 것이지. 나도 너에게 배울 게 많으니까.

네가 돌아간 후 몇 번밖에 가 본 적이 없는 강원도로 여행 가는 생각이 자꾸만 드는거야.

너네 집으로 가는 생각을 자꾸만 했어.

겨울 방학이 되면 울산에 오려무나.

함께 공부하기를 원해.

공부하는 방법만 익혀 가면 3학년 때 신나게 공부할 수 있을거야.

영인아.

빠른 답장을 주지 못해서 정말 미안해.

이해해 주리라 믿고 이만 쓸게.

울산에서 도임자

 어머니 편지

존경하는 선생님! 우리 애들과 동생으로부터 선생님의 말씀을 많이 들어 왔지만 직접 뵙고 나니 소탈함, 교육관, 리더십이 정말 저에겐 신선한 충격이었습니다. 너무 안이하게 너무 쉽게 살아오지 않았나 싶습니다. 모든 것에서 저의 부족함을 인정합니다만, 오늘도 이성보다는 감정의 노출이 먼저 되네요.

선생님!

우리 아이들 동기부여와 인생의 좀 더 큰 밑그림을 그릴 수 있도록

도와주셔서 정말 감사합니다. 그리고 앞으로도 많이 도와주세요.

천군만마를 얻은 것 같습니다. 선생님의 인연 소중하게 간직하고

저희 가정도 건강한 가정의 모델이 되도록 항상 노력하겠습니다.

올해는 유난히도 날씨의 변덕이 심한 것 같습니다.

감기 조심하시고 많이 뵐 수 있는 그날을 위해 기도합니다.

2008. 12. 22. 동짓날

선생님을 가장 존경하는 영인 엄마 이순자 올림

강원도에서 언양으로 이사 오다

겨울 방학이 시작되고 며칠 뒤, 이곳에서 공부하고 싶다며 영인이와 어머니가 왔다.

그날부터 영인이는 울산과학고등학교 공부방에서 공부를 시작하였다. 나는 영인이에게 당부하였다.

"네가 하고 있는 일 중에 가장 중요한 것이 무엇인지 생각해 보아라. 특별한 사람이 되려면 남과 달라야 한다. 남과 다르게 되려면 무엇을 해야 할지 생각하고 행동해야 한다."

드디어 영인이는 2009년 1월 9일부터 본교의 방과 후 공부방에 있는 아이들과 공부를 시작하였다.

나는 영인이에게 가장 먼저 자신을 사랑해야 하는데, 사랑하는 방법

은 내가 남한테 대우를 받게 하는 것이고, 대우를 받으려면 우선 나에게 주어진 임무를 다하는 것이라고 하였다. 따라서 학생인 영인이가 임무를 다하는 것은 공부를 열심히 하는 것이라고 대화하였다.

그리고 먼저 "과학을 왜 배우느냐, 수학을 왜 공부하지?"라고 질문하였다. 영인이는 눈을 동그랗게 뜨고 답을 하지 못하였으며, 이런 질문은 처음 받아 본다는 듯이 겸연쩍어 하였다. 나는 답을 듣는 것보다 생각을 키워 주기 위함이라고 설명하였다.

나는 영인이가 과학고등학교에 관심을 보이기 때문에 수학과 과학을 먼저 공부시키고 싶었다. 그래서 과학책을 펼치게 하고 첫 페이지에 나오는 '목차'를 읽도록 하였다. 목차를 천천히 읽다 보면 책 전체의 내용이 무엇인지 파악할 수 있기 때문이었다.

내가 영인이에게 가장 먼저 '목차'를 읽게 한 것은 이유가 있다. 대학 1학년, 중간고사 어느 과목의 시험 문제가 '목차'를 쓰는 것이었다. 나를 비롯한 대부분의 학생들은 한 방 먹은 듯한 표정으로 아무도 답을 적어 내지 못하였다. 그러면서 이런 문제를 내신 교수님을 참 엉뚱하다고 생각하였다. 그동안 많은 시간이 흐르고 학생들을 가르치고 공부 방법을 연구하면서 '왜 그 교수님은 우리에게 목차를 쓰게 하였을까'에 대해 그 이유를 생각해 보았다. 그리고 어느 날 친분이 있던 '한국정수공업 이규철 회장'님을 만나게 되었다. 회장님은 공부에 관심이 많았는데 만나자마자 물에 대해 설명하시면서 공부 방법을 말씀하시는 것이었다. 그래서 "특별한 공부 방법이 있습니까?" 하고 여쭈어 보았다. 그런데 회장님은 학교 다니실 때, 책의 첫 페이지에 있는 '목차'만 공부하셨고, 과외 한 번시키지 않고 회장님의 따님도 '목차' 공부를 직접 시켰다는 것이었다. 회장님은

"목차 속에 모든 것이 다 들어 있으며, 목차만 잘 알면 공부는 다 한 거나 마찬가지"라는 것이었다. 그때서야 나는 대학 때 목차를 쓰게 한 노(老)교수님의 깊은 뜻을 이해하게 되었고, 목차를 아는 것이 중요한 공부 방법이라는 것을 깨닫게 되었다. 왜냐하면 목차를 공부하면 그 책의 내용 전체를 한눈에 읽을 수 있기 때문이다. 즉, 전체 그림을 그릴 수 있기 때문에 세부로 들어가서 공부하기도 훨씬 수월해진다.

다시 영인이 이야기로 돌아가 보자.

나는 영인이와 공부를 시작하기 전에 이런 질문을 먼저 하였다.

"영인아, 치킨 좋아하느냐?"

"네!"

"그러면 닭의 개념이 무엇이냐?"

"네?"

"닭이 사전에 어떻게 설명되어 있을까?"

"글쎄요……."

그런 후 우리 주변에서 많이 사용하는 말부터 사전에서 찾아보고 공부하도록 하였다. 단어의 정확한 개념을 알면 다른 사람과 대화할 때도 말에 힘이 생긴다. 그래서 서양 사람들은 아이가 어릴 때부터 사전을 가지고 놀게 한다.

그러면서 영인이에게 우선 가지고 있는 참고서의 '목차'에 나오는 낱말 중에 모르는 것을 사전에서 찾고 천천히 이해하면서 읽도록 하였다. 천천히 읽으면서 그 낱말에 대한 원리나 뜻을 생각하고 읽도록 하였다. 그리고 책의 여백에 '목차'를 읽는 데 걸린 '시간'을 적도록 하였다.

만약 시간을 적지 않으면 읽다가 놀 수도 있고 다른 생각을 할 수도 있기 때문이다. 두 번, 세 번, 네 번, 다섯 번을 읽은 각각의 시간을 적도록 하였다. 영인이가 목차를 읽는 동안 "천천히 읽고 있니?" 하고 말하면 영인이는 더욱 열심히 읽는 것 같았다. 나는 영인이에게 "너는 진짜 열심히 읽는 것 같다."라고 칭찬해 주면, 칭찬을 듣는 순간 영인이는 기분이 더욱 좋아졌다. 그러고 난 후, A4 용지에 '목차'의 내용을 써 보게 하였다. 이렇게 영인이에게 과목마다 목차를 공부하고 나서 첫 단원을 시작하도록 하였다.

영인이와 함께 시작한 천천히 공부하는 학습법

사실 영인이는 언니가 공부를 잘하기 때문에 어머니가 항상 언니만 위한다고 생각하였다. 친척들이 방문하여도 언니만 칭찬하고 영인이는 인정을 받지 못하였다. 그러다 보니 어머니 마음속에는 언니만 중요할 것이라고 생각한 것이다. 그리고 영인이는 어머니께서 무슨 말을 하여도 진심이 아니라고 생각하여 어머니가 시키는 공부는 하기 싫었다고 하였다. 나는 이런 영인이가 나의 말을 잘 들을지 걱정되었다.

한편 영인이 어머니께서는 영인이가 공부 습관이 되어 있지 않아 오랫동안 책상 앞에 앉아 있을지 염려하셨다. 그러나 나는 영인이 어머니께 그것은 염려하시지 않으셔도 되며, 우리 학교 공부방에 오는 아이들은 자리에 오래 앉아 있게 된다고 말씀드렸다. 왜냐하면 이곳에서는 화장실을 사용하는 것 이외는 할 수 있는 것이 없기 때문이다. 또 다른 아이들도 자리를 지키고 있기 때문에 혼자 자리에서 일어나 할 일 없이 왔다 갔다 할 수도 없다. 그러나 아이마다 다르기 때문에 첫날 힘들어 하던 영인이가 다음 날 공부방에 오지 않으면 어쩌나 하고 마음을 졸이기도 하였다. 그런데 그런 나의 걱정은 기우에 지나지 않았다.

나는 영인이에게 중학교 3학년 수학과 과학부터 공부하게 하였다. 그리고 영인이 어머니께 영인이가 공부에 관심을 가지는지, 지루해 하지는 않는지 유심히 관찰해 보시라고 하였다.

영인이가 각 단원마다 모르는 단어를 사전에서 찾아 책에 적으면 다가가서 질문을 하며 영인이의 눈높이에서 대화를 시도하였다. 영인이와 같은 눈높이가 된다는 것은 서로의 이야기를 경청하고 잘 들어 준다는 의미이기 때문에 중요하다. 그리고 영인이가 책의 내용을 천천히 읽어 가는 동안 그 낱말의 의미를 생각할 수 있도록 옆에서 도와주었다. 그렇게 하였더니 영인이는 오랫동안 책상 앞에서 공부하는 것을 힘들어 하지 않았다.

'책을 천천히 읽어라.' 하면 요즘 부모들은 아마도 답답해 할지도 모르겠다. 그러나 천천히 읽는다는 것은 무조건 속도를 느리게 하는 것이 아니라 그 낱말이 왜 쓰인 것인지, 그리고 그 낱말의 의미가 무엇인지를 생각하면서 읽는다는 것을 뜻한다. 즉, 그 낱말과 친해지는 것을 의미한다. 그리고 천천히 읽으면서 낱말 하나하나를 어떻게 이해하는지 교사나 부모는 아이가 공부할 수 있도록 확인만 해 주면 된다.

이렇게 해서 영인이가 책의 본문 내용(보통 한 페이지 분량)을 다 읽고 난 후, 영인이에게 A4 용지에 자신이 읽은 내용을 보지 않고 쓰게 하였다. 처음 다섯 번을 읽고 난 후 쓰게 하면 영인이는 읽은 내용의 80% 정도를

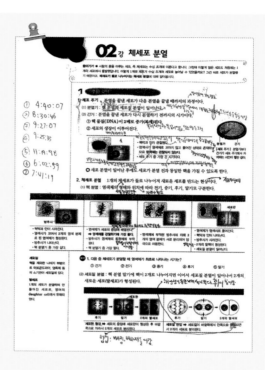

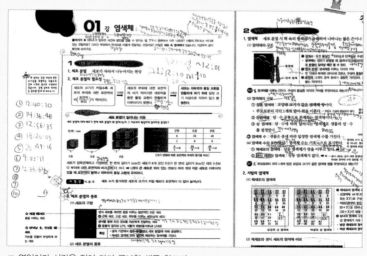

□ 영인이가 시간을 적어 가며 공부한 생물 참고서

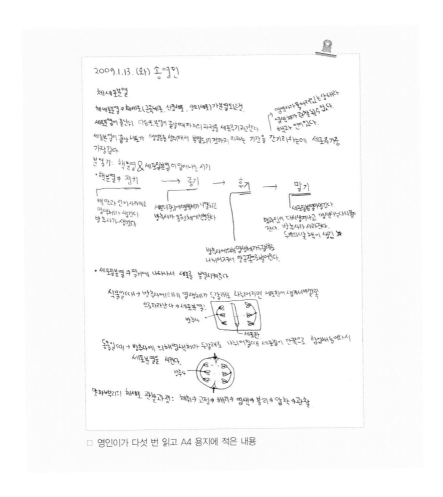

□ 영인이가 다섯 번 읽고 A4 용지에 적은 내용

적어 내었다. 처음 '천천히 읽어라' 할 때는 지금까지 해 왔던 공부 방법
과는 달라서 갑갑한 느낌이 든다고 불편해 하였는데, 세 번 이상 읽을 때
는 편안한 기분이 되는 것 같았다고 하였다. 다섯 번을 읽고 난 후 A4 용
지에 쓰고 나면 후련하고 든든한 느낌이며, 무엇인가 해낸 느낌이라고 하
였다. 이렇게 하여 한 단원의 공부를 마치면 많은 칭찬을 해 주어야 한다.
그리고 다음 단원을 공부하게 한다. 매일 이런 식으로 공부하면 한 과목을 마스터하는 데 방학인 경우 한 달 정도 걸리게 된다.

그런 후, 다시 복습 계획을 세운다. 한 권의 책을 다 마스터하고 다시 복습한 후, 한 번(여섯 번째) 더 읽고 다시 읽은 내용을 적게 한다. 그러면 거의 100% 내용을 적을 수 있었다. 여섯 번째(복습의 첫 번째) 천천히 읽고, 다시 A4 용지에 쓰고 나면 내용을 거의 완전히 이해하게 되어 공부가 재미있다고 한다. 영인이는 이런 공부 과정을 거치면서 무엇인가를 알아가는 느낌이 들고, 무엇에 관한 연구자가 된 기분이어서 공부가 재미있고 책상 앞에 앉아 있는 시간이 지루하지 않다고 하였다.

천천히 읽는 것도 답답한데 왜 백지에 쓰기까지 하는지 궁금한 분이 있을 것이다. 그러나 책 내용을 A4 용지에 쓰게 하는 것은 깊은 의미를 담고 있다. 우선 책에 있는 내용을 자세하게 알고 있다는 자신감을 심어주고, 연필(이때, 깎은 연필을 사용하여야 필체가 좋아지게 됨)을 사용하여 많이 쓰게 하기 위함이다. 그리고 연필을 바르게 잡게 하고 글을 쓸 때의 자세를 지도하여 후일 반듯한 태도를 가질 수 있게 한다. 또한 손가락의 기능을 향상시켜 주기 때문에 두뇌까지 발달시킬 수 있다. 그리고 자신이 쓴 내용을 한장 한장 모아 제본해 주면 저자가 된 느낌이어서 흥미를 더 가지게 할 수 있다.

무엇보다도 자신이 직접 쓴 기록물로 공부한 실적을 남길 수 있는 학습법이기 때문에

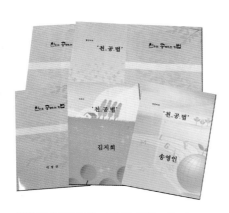

아이들이 직접 만든 책 - 공부한 내용을 적은 자료들을 묶어 책으로 만들었다.

흥미까지 있다. 이 학습법은 기본을 철저히 하는 학습법으로, 성적 향상과 아울러 생활 태도를 바르게 한다. 그리고 아이들이 책에 있는 내용 하나라도 놓치지 않고 정확하고 꼼꼼하게 공부하게 하는 학습법이기도 하다.

두 달째 영인이의 생활

한 달 동안 영인이가 공부하는 모습을 지켜보았다. 이렇게 인내심을 가지고 끈기 있게 공부하는 영인이가 왜 지금까지 공부하지 않았는지 궁금하였다. 아침부터 늦은 밤까지 언제나 한결같이 공부하는 영인이를 보면서 강원도 원주로 돌아가면 혼자 공부할 수 있을지 걱정이 되었다. 그래서 "너는 앞으로 우리나라를 이끌 훌륭한 일을 할 것 같다."라고 칭찬을 계속하였다.

나 역시 아이가 변해 가는 모습을 보는 것이 재미있고 신기하였다. 그리고 '누구라도 공부할 수 있도록 분위기를 만들어 주면 공부를 못하는 아이가 없겠구나.' 라고 생각하게 되었다.

이러한 기본 학습법으로 영인이와 함께 한 시간도 어느덧 한 달이 지났다. 그 사이 영인이는 수학과 과학 과목의 본문 공부를 마쳤다. 영인이는 그동안 책 한 권을 끝까지 학습해 본 적이 없다고 하였다. 그런데 한 달만에 3학년 1학기 수학과 과학 책을 마스터했다는 사실이 믿기지 않을 정도로 성취감이 컸다고 하였다. 또 자신이 직접 쓴 수학과 과학의 본문 내용이 적힌 A4 용지가 제본된 것을 보고 자신을 자랑스러워 하였다. 영인이 어머니도 책 한 권을 새로 사면 앞부분 몇 페이지만 보았던 영인이가 한 권의 책을 정복하였다는 것에 무척 기뻐하셨다. 사실 아이들이 공부할 때, 책 한 권을 정복하는 것은 책을 이겼다는 자부심을 갖게 해 주는 중요한 의미를 가진다.

이제 두 달째인 2월이 되었다. 이번에는 책 한 권을 두 번째 공부하는 복습을 하게 하였다. 사실 본문만 잘 이해하면 문제집에 있는 문제를 푸는 데는 큰 어려움이 없다. 문제를 잘 풀지 못하는 대부분의 아이들은 본문 공부가 덜 된 것에 원인이 있다. 본문을 제대로 이해하지 않으면, 문제를 잘 풀지 못하게 되어 다시 해당 본문을 읽어 보게 된다. 이렇게 하면 더욱 많은 시간이 필요하다.

이러한 기본을 익혀 가는 공부법을 생각하게 된 동기는, 평소 학생들을 좋아하고 공부를 하지 않고 놀고 있는 학생들을 보면 공부 방법을 알려 주는 습관 때문이었다. 그런데 아이들의 문제집을 펼쳐 보면 한 페이지에 많은 동그라미(맞다는 표시)를 해 놓은 것을 볼 수 있었다. 그래서 아이에게 "네가 이것을 다 맞은 걸 보니 본문을 다 알고 있나 보구나!" 하면 아무 말도 하지 않았다. 그리고 본문의 내용에 관하여 원리나 개념을 물으면 나의 물음에 설명을 하는 아이가 거의 없었다. 이를 통하여 아이들이 문제집에 있는 문제는 잘 풀지만 본문에 있는 기본 개념과 원리는 거의 모르고 있다는 것을 알게 되었고, 아이들의 학습을 위한 새로운 공부 방법에 대하여 생각하게 되었다.

미국에서 어느 학교 수업에 참관하였을 때, 느낀 것은 50분 수업의 대부분 시간을 본문 위주로 공부하는 것이었다. 그리고 주로 발표를 하거나 토론 수업을 하는 것이었다. 그런데 우리 아이들을 보면 문제를 푸는 데 목적을 두고 있는 것처럼 많은 문제를 풀고 또 푼다.

두 달째인 2월에는 영인이에게 그동안 학습한 수학과 과학 과목을 복습할 수 있도록 학습 계획을 세우게 하였다. 먼저 수학과 과학 두 과목을 공부하게 하였다. 이 두 과목에 자신이 붙는다면 다른 과목은 어렵지 않게 해 나갈 수 있기 때문이었다. 영인이는 두 번째 보는 수학과 과학 과목을 10일이면 끝낼 수 있도록 계획을 세웠다.

이때 이 학습법으로 지도하시는 부모(교사)는 학습 태도에 대하여 말해 주어야 한다. 그런데 영인이는 앉아 있는 자세가 좋기 때문에 특별한 말이 필요 없었다. 영인이가 A4 용지에 적어 내면 "네가 바로 작가다. 이 내용은 비록 참고서에 있는 내용이지만 아무것도 보지 않고 네가 만든 것이잖아! 그러니까 너는 글을 쓰는 작가나 다름없다."라고 높이 평가해 주었다. 그리고 "너같이 예절이 바른 아이는 본 적이 없으며, 글씨도 아주 잘 쓴다."라고 칭찬하였다.

아이에게 중요한 것은 칭찬이며, 자기의 마음을 알아주는 것이다. 이때 가슴 깊은 곳에서 진심으로 칭찬을 해야 효과가 있으며 가식적인 칭찬은 아이에게 신뢰를 잃을 수 있다. 그래서 나는 영인이의 장점을 찾으려고 노력하였다. 사실 영인이는 다른 아이들과 달리 기본적인 생활 태도가 바로잡혀 있었기 때문에 공부를 열심히 시키는 것은 그다지 어려움이 없었다.

나는 아이들이 공부방에 오면 제일 먼저 젓가락 잡는 방법부터 가르친다. 왜냐하면 바른 젓가락 사용은 가장 기본이지만 바르게 하지 못하면 아이들은 스트레스를 받게 된다. 어떤 아이는 식사할 때 삼촌이나 고모, 이모가 바르게 가르쳐 주지도 않으면서 젓가락질을 이상하게 한다고 핀잔을 준다고 하였다. 그래서 친척 모임에서 식사를 함께 할 경우 아예 숟가락만 사용한다는 아이도 있었다. 작은 것에서 스트레스를 받으면 점점 큰 것으로 이어져 결국 큰일을 할 수 없게 될 수 있기 때문에 작은 부분에서 스트레스를 받지 않게 해 주어야 한다.

처음에 영인이도 젓가락을 잘못 사용하고 있었다. 그래서 영인이에게 젓가락을 바르게 쥐는 방법을 가르치기 위해 접시 두 개, 콩, 그리고 젓가락을 준비한 후, 바른 젓가락 사용법을 알려 주고 한쪽 접시에 있는 콩을 다른 쪽 접시로 옮기라고 하였다. 그러면 영인이 어머니는 영인이에게 내가 가르친 대로 이 접시에서 저 접시로 콩을 옮기는 것을 연습시켰다. 교육하는 현장에 부모님이 같이 있으니 보다 쉽게 공부를 시킬 수가 있었다. 또 내가 영인이에게 질문하거나 영인이가 나에게 질문할 때, 영인이 어머니도 옆에 앉아서 지켜보도록 하였다. 영인이 어머니는 주로 답할 때의 표정, 말씨, 앉은 자세, 손 모양 등을 체크하였다. 즉, 내가 영인이에게 하는 역할의 많은 부분을 어머니가 담당하여 반복되는 교육은 영인이 어머니가 하고, 해결하기 어려운 부분만 내가 지도해 주었다.

드디어 전교 1등을 하다

:

전학을 결심한 영인이,
전교 7등을 하다

2월 말이 되었다. 3학년으로 진급해야 하는 영인이가 원주에 있는 학교로 돌아가야 할 시간이 되었다. 그러나 영인이는 고민을 하였다. 언양에 오기 전까지 공부에는 전혀 관심이 없다가 한 달 반 만에 공부하는 습관을 가질 수 있게 되었는데, 다시 원주로 돌아가면 '지금처럼 혼자 공부를 할 수 있을까' 하는 걱정이 된 것이다. 그런 영인이가 고민하다가 어머니께 전학을 하겠다고 하였다. 영인이와 어머니는 이런저런 생각 끝에 영인이의 전학을 결심하고 나에게 의논하였다. 나는 영인이와 어머니의 결정에 감동하면서도 내심 걱정이 되었다. 나는 시간을 내어 공부를 돌보아 줄 수도 없고 책임지지도 못한다고 하였다. 그런데도 영인이 어머니는 단지 이곳에 머물게만 해 달라고 하셨다. 이것은 영인이가 스스로 꼭 공부를 해 보겠다고 결심한 것 때문이라고 하였다.

이렇게 하여 전학 절차를 마치고 영인이는 계속 공부방에 나오게 되었다. 사실 나의 걱정은 기우에 지나지 않았다. 왜냐하면 영인이는 어머니가 항상 옆에 계시므로 나는 가끔씩 개념과 원리를 공부하는지 물어보기만 하면 되기 때문이었다.

3월이 되었다. 이곳 상북면에 있는 중학교에 전학을 온 영인이에게 중간고사 계획을 세우도록 하였다. 일단 상위권으로 진입하는 게 목표였다. 학교에서 선생님의 설명을 열심히 듣도록 하면서 오후에는 방학 동안 하지 못한 과목에 대하여 개념과 원리를 공부하도록 하였다.

그러나 영인이는 그 전 학교에서 성적이 중간 이하였고, 특히 수학은 8등급(전교생 407명 중 384등)이었다. 영인이가 상위권에 들기 위해서는 전 과목 골고루 우수한 성적을 받아야 했다. 그동안 몇 과목은 읽고 쓰고 또 읽고 쓰기를 반복하여 다소 안심은 되었지만, 워낙 기본 실력이 없기 때문에 나머지 과목에 대하여 걱정이 되었다. 더군다나 영인이가 복습하지 않은 과목까지 공부하는 것은 매우 힘들고 고통스러운 일이었다.

그러던 중에 영인이가 긴장이 풀려 있다고 어머니께서 걱정을 하며 나에게 영인이가 긴장할 수 있는 방법을 알려 달라고 부탁하셨다. 나는 영인이에게 봉사 활동을 권하였다. 노인병원을 방문하여 할머니와 할아버지들께 무엇을 해 드릴 수 있는지 찾아보도록 하였다. 영인이는 난생 처음 노인 요양병원을 방문하였다. 치매에 걸린 어떤 할머니는 우리 손녀 왔다고 안아 주시기도 하고, 또 어떤 할머니는 아들이 보고 싶다고 영인이를 안고 우셨다고 한다. 영인이는 정상적인 생활이 어려운 할아버지, 할머니의 모습을 보고 자신도 눈물을 흘렸다고 하였다. 우리는 영인이가 무엇인가를 충분히 느꼈으리라 생각되었다. 공부를 왜 하는지, 후일 무엇을 해야 하는지 알려 준 셈이었다. 봉사 활동을 마치고 돌아오면서 영인이는 말이 없었다. 그 노인 요양병원을 방문한 것은 영인이의 학습 태도를 바로잡는 데 윤활유와 같은 역할을 하였다.

영인이 어머니는 영인이 아버지를 혼자 원주에 계시게 하고, 오로지 영인이에게 공부하는 습관을 들이고 공부 방법을 찾기 위해 이곳까지 왔다. 여기에 온 후, 영인이가 열심히 공부는 하였지만 중간고사를 치르고 결과를 기다리는 동안 내심 불안하였다. 그런데 중간고사 결과가 전교 7등이었다. 학교 선생님들도 놀라며 열심히 노력한 영인이에게 칭찬을 아끼지 않았다고 한다.

이 결과는 영인이에게 희망을 주는 신호탄이었다. 영인이의 팔자를 바꿀 수 있는 기회를 마련한 셈이었다. 지금까지의 공부 방법대로 문제만 풀고 있었더라면 영인이의 상위권 진입은 어려웠을 것이었다. 그동안의 힘겨운 노력이 결실을 본 것이다. 공부와 마찬가지로 모든 것의 기본을 철저히 한다면 성공할 수 있다는 것을 영인이를 통하여 확인하게 된 나의 기쁨은 매우 컸다.

나는 영인이에게 칭찬 아닌 칭찬을 했다.

"아니, 이렇게 잘하는 애가 와 2학년까지는 공부 안 했노? 이해가 안 되네."

영인이는 자신이 전교 7등을 한 이후 자신감을 가지는 것 같았다. 학습 태도는 점점 좋아졌다.

사실 나도 그동안 방과 후 공부방을 운영하면서 느낀 것은 모든 아이들은 공부를 잘하고 싶어 하는데 공부 방법을 몰라서 그 높은 벽을 뛰어오르지 못한다는 것이었다. 영인이의 결과를 보고 공부 방법을 몰라서 공부를 하지 않는 아이들에게 눈높이를 맞추어 마음을 헤아리면서 공부를 시킨다면 어떤 아이라도 공부를 잘할 수 있다는 것을 알게 되었다. 이즈음 나를 기쁘게 한 것은 영인이뿐만이 아니었다. 공부방에 공부하러 오는 다른 아이들의 부모님께서도 금방 성적은 향상되지 않지만 집에서 태도가 달라졌다며 나에게 전화를 하시는 분들이 늘고 있었다. 그중 처음에 방과 후 공부방에 오는 것을 부담스러워 하였던 상헌(중1)이라는 아이가 있었는데, 이제는 일주일 내내 과학고등학교에 오고 싶다며 어머니께 데려다 달라고까지 한다고 하였다. 이런 소식을 들을 때마다 나 역시 기쁘지 않을 수 없었다. 적은 시간을 쪼개어 아이들을 지도하는 것이 늘 아쉬웠지만 나는 공부보다 인성 교육을 더욱 강조하였다. 교장실에 들어올 때나 나갈 때 인사는 꼭 하게 하며, 복도를 조용히 걸어다니고, 뒷정리를 잘하며, 남의 물건을 사용할 때는 반드시 허락를 받아야 한다는 것 등 일상적인 것에 관한 이야기를 자주 하였다.

일요일은 공부방 아이들과 많은 시간을 보낼 수 있었다. 도시락을 가지고 와서 봄볕을 쬐며 아이들과 함께 점심을 먹을 때는 소풍을 온 것 같은 기분이 들었다. 그리고 일요일 밤에는 일주일 동안 사용한 교실을 청소하게 하였다. 그리고 아이들이 청소를 하기 전에 걸레질과 빗자루의 사용법, 그리고 책상 위는 어떻게 청소하는지 등을 설명해 주고 바닥을 쓸고 책상 위를 닦게 하였다.

내가 이렇게 하는 이유는 아이들에게 청소하는 방법을 알려 주려는 의도이며, 공부법과 마찬가지로 한 가지를 배워도 정확하게 배우도록 하기 위함이다. 우리의 생활에서 아이들은 훈련병이라고 생각한다. 잘 훈련이 되어야 삶의 터전에서 패배하지 않고 살아갈 수 있다. 그래서 나는 부모님들께 아이들이 청소하는 것만 지켜보시도록 하였다.

꾸준한 영인이의 학습 태도

중간고사 이후로도 영인이와 어머니는 계속 공부방에 왔다. 나는 영인이에게 공부한 것에 대해 질문하도록 강조하였다. 자신이 공부한 것을 A4 용지에 정리하여 가져오면 질문을 하게 하였다. 만약 영인이가 질문할 것이 없다고 하면 내가 그 내용 중에서 질문을 해 주었다. 또 가끔씩 작은 칠판에 써 가며 그 내용을 설명해 보라고 하였다. 나는 그럴 때마다 영인이에게 말하는 태도와 생각하면서 답하는 모습이 좋다고 칭찬해 주었다. 나는 이렇게 매일 영인이에게서 칭찬할 거리를 찾아내려고 애를 썼다.

중간고사가 끝난 후 5월의 어느 날, 영인이 어머니가 나에게 할 이야기가 있다며 찾아왔다. 기말고사에 꼭 전교 1등을 한번 해 보고 싶다는 이야기였다. 그러나 아무리 규모가 작은 학교라도 전교 1등을 하는 아이는 나름대로의 노하우가 있게 마련인데, 그것은 좀 어려운 일이라고 하였다. 전교 1등이나 7등이나 마찬가지라며 설득을 해도 자꾸만 전교 1등을 하고 싶다고 하였다. '1등은 내가 만들어 주는 것도 아닌데…….' 라고 혼자 중얼거리기도 하였다. 각 학교마다 수재급의 학생이 꼭 한 명씩 있게 마련인데, 그 1등을 누르고 전교 1등을 한다는 것은 불가능한 일이라고 생각되었다. 그런데도 어머니께서 몇 번을 말씀하시니 '그래, 1등을 할 수 있지 않을까?' 라는 생각이 들기도 하였다.

문제는 어머니와 나는 마음의 준비를 하였는데, 정작 공부를 해야 할 본인이 준비가 되지 않은 것이었다. 어머니께서는 요즈음 영인이가 자세가 좀 흐트러진 것 같다며 걱정하셨다. 어머니와 나는 회초리가 아닌 특별한 계획을 세웠다. 벌은 벌인데 부족함과 불편함을 주기 위해 혼자 여행을 시켜 보기로 한 것이다. 영인이는 혼자 여행을 하게 되었다며 들떠 있었다. 영인이 어머니는 영인이에게 돈 11만 원을 주어 부산의 자갈치 시장과 부산대학교를 다녀오도록 하였다. 버스를 타고 부산대학교부터 간 영인이는 모자와 옷, 그 외 몇 가지를 더 사고 나니 수중에 14,000원이 남았다. 집으로 돌아갈 차비가 4,700원이 있어야 하고, 자갈치 시장에서 생선도 사야 하고 …… 영인이는 정신이 번쩍 들었다. 자갈치 시장까지 가는 돈과 어머니가 사 오라고 한 생선 살 돈이 부족하였다. 집으로 갈 차비를 제하면 채 10,000원도 남아 있지 않았다. 모자를 산 가게와 T셔츠를 산 가게를 찾아다니며 돌아갈 차비가 없다고 돈으로 바꾸어 달라고 하였다. 그런데 물건을 사기 전과 후의 판매원의 태도가 달라진 것에 실망하면서 신중하게 생각해서 물건을 사야 한다는 것을 느꼈다. 그리고 아직 점심도 먹지 못하였는데 자갈치 시장에 가서 생선도 사야 하기 때문에 걱정이 태산이었다. 그런데 옆을 보니 게를 파는 아주머니가 있었다. 그것도 생선이라고 10,000원어치를 사고 자갈치 시장에는 갈 수도 없기 때문에 집으로 돌아올 수밖에 없었다. 그래서 터미널로 오는 전철을 타고 또 시외버스를 타고 언양에 도착하니 돈이 남아 있지 않았다. 집으로 가려면 한 시간 이상 걸어야 한다. 하는 수 없이 한 시간을 걸어서 집으로 돌아온 영인이는 평소 어머니가 해 주시는 음식과 쉴 수 있고 공부할 수 있는 집이 있다는 것에 감사하게 되었다.

영인이는 평소 반찬이 없다고 짜증을 내기도 하였는데 여행을 다녀온 후로 김치 하나만 가지고도 밥을 잘 먹고 자기 책상 정리도 깔끔하게 한다고 어머니께서 귀띔해 주셨다. 평소 대체로 부모님들이 밥 주고 간식 주고 잘 지내게 했으므로, 아이들이 어려움을 모르는 것은 당연한 일이다. 그러니 평소 긴장이 되지 않고 나태함에 빠져 공부를 하지 않을 수도 있다. 그래서 나는 영인이에게 공부할 수 있는 에너지를 주기 위해 혼자 여행을 하게 하였다. 영인이는 그날부터 기말고사 계획을 세우면서 나에게 도와 달라고 하였다. 나는 영인이가 부탁한 것만 도와줄 뿐이었다.

기말고사 1등을 위한 계획

공부의 기본은 복습과 예습이지만 수업 시간에 선생님의 말씀을 귀담아듣는 것이 성적을 올리는 가장 좋은 방법이라고 영인이에게 강조하였다. 시험 문제는 그 선생님이 출제하시기 때문에 수업 시간에 설명을 잘 듣도록 하였다. 또한 기본 학습이 되어 있으니 수업 시간에 질문을 많이 하도록 하였다.

영인이는 다른 아이들처럼 학교 수업을 마치면 공부방으로 왔다. 그런데 하버드 대학교 학생들은 그날 배운 과목의 2.5~3배의 시간을 복습한다고 한다. 만약 1시간 수업을 하면 2.5시간~3시간 복습을 한다는 것이었다. 이를 영인이에게 2배까지 적용시키고자 했으나 하루에 배우는 것이 6~7 과목이나 되다 보니 이 모두에 대한 복습을 하는 것이 쉽지 않았다. 조금씩 공부가 밀리면서 그날 배운 것을 복습하지 못하고 넘어가는 경우가 생기기 시작하였다. 이로 인해 영인이는 지치고 서서히 긴장이 풀어지는 모습을 보였다. 또 긴장의 윤활유가 다 되었는가 싶어 또 다른 방법을 연구하였다. 어머니가 한 달에 한 번도 원주를 가시지 못하시니 아버지께서 혼자 식사 준비와 빨래를 하시는 불편한 생활을 하고 계시기 때문에 아버지께 전화를 드리도록 하였다. 아버지와 통화를 하고 난 영인이는 좀 다른 모습을 보였다. 자기 때문에 불편한 생활을 감내하고 계시는 아버지께 죄송한 마음이 든 것이었다.

그리고 어머니는 가끔씩 영인이의 소지품을 살펴본다. 어느 날 가방 속에서 공부방에서 만난 언니와 주고받은 편지를 발견하고는 실망하시기도 하였다. 그때는 "내가 우연히 네 가방 속을 보았는데 편지가 무엇이냐? 나는 성실한 딸을 원한다. 공부방에서 공부하는 줄 알았는데 편지를 주고받으면 공부에 신경을 쓰지 못한다."라고 하며 지금까지는 용서하지만 앞으로는 안 된다고 단호히 이야기했다고 하였다.

내 긴장이 좀 풀어질라 하면 영락없이 영인이 어머니께서 이런 말씀을 하신다.

"이번에 우리 영인이 꼭 전교 1등 한번 만들어 주세요."

그럴 때마다 나는 조금의 여지를 두려고

"전교 1등은 욕심입니더. 너무 욕심 부리지 마이소. 뭐 1등과 2등은 별 다를 게 없심더."

하며 응수했다. 하지만 이렇게 말하는 내 마음속에도 영인이를 꼭 전교 1등으로 만들어 보고 싶은 욕심이 있었다.

영인이 어머니로부터 이 말을 들을 때마다 개인적인 부담도 컸지만, 아이의 인생이 바뀔 수 있다는 생각에 계획을 다시 검토해 보기도 하였다.

무엇보다 영인이가 놓치는 부분을 점검해 주기 위해 어머니도 영인이가 공부하는 부분을 함께 공부하며 도움을 주시도록 하였다.

이제 기말고사까지 27일이 남았다. 나는 영인이의 기말고사 계획을 점검하기로 하였다. 7일은 총 정리하는 기간으로 하고, '20일간의 대작전' 계획을 세웠다. 그리고 '20일간의 대작전' 계획표 위에 '전교 1등을 위하여'라는 글자를 적는 것이 어떤지 영인이와 의논하였다. 영인이가 자신이 없어 보였기 때문에 '쓰면 이루어진다.'라는 말을 해 주었고, "오늘은 왠지 큰 행운이 나에게 있을 것이다. 그리고 나는 뭐든지 할 수 있어."라고 주문을 외웠던 빌 게이츠의 성공 비결을 말해 주기도 했다. 그 후 영인이는 부담은 되었지만 계획표 위에 써 놓은 글을 보며 정신력을 키워 나갔다. 드디어 영인이는 자신의 꿈을 실현시키기 위하여 '전교 1등'이라는 구체적인 목표를 정하고 공부하기 시작하였다. 나는 영인이가 세운 20일간의 계획표를 복사하여 한 장씩 나누어 가진 뒤 매일 그 계획표에 적혀 있는 전교 1등이라는 숫자를 읽으며 주문을 외웠다.

전교 1등을 위한 20일간의 대작전

1. 기말고사 시간표에 따른 계획을 세운다.

2. 각 과목의 시험 범위 목록을 작성한다.

3. 20일 중에서 매일 해야 할 계획을 세운다.

4. 남은 7일은 복습 계획을 세운다.

5. 세운 계획은 꼭 실천하며 실천 여부를 계획표에 기록한다.

6. '한 번 성공하면 여러 번 성공한다.'는 말이 있다. 첫날인 6월 1일이 가장 중

요하므로 조금의 오차 없이 계획대로 공부한다.

7. '첫 일주일은 어느 것보다 중요하다. 계획한 대로 일주일을 넘기지 못하면 어떤 일도 이룰 수 없다.'고 생각하고 실천한다.

이렇게 적어서 책상 위에 붙여 놓았지만, 스스로 세운 계획표대로 영인이가 제대로 실천을 할 수 있을지 염려가 앞섰다.

우선 국어, 영어, 수학, 국사, 사회에 대한 것만 페이지를 분류하여 자세한 계획을 세웠다. 그 외 과목은 따로 시간을 내거나 일요일에 하기로 하였다. 그리고 일요일을 제외한 요일은 하루에 14시간 정도 공부하도록 공부할 분량의 페이지를 나누어 놓았다. 그런데 그 계획을 세운 지 하루만에 갑자기 이틀간 출장 갈 일이 생겼다. 나는 '20일간의 대작전' 중 첫 일주일이 중요한데 내가 이틀이나 학교에 없다는 것이 걱정되었다. 왜냐하면 일주일 중 이틀은 적지 않은 시간이기 때문이었다. 일주일만 계획을 잘 실천하면 그것이 좋은 습관을 만드는 발판이 되어 나머지는 쉽게 해낼 수 있을 것이라고 생각하였다.

나는 출장을 가서도 안심

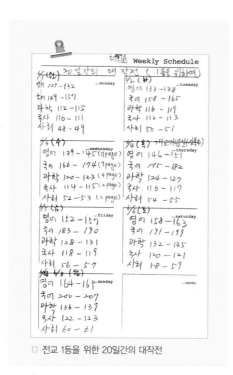

□ 전교 1등을 위한 20일간의 대작전

이 되지 않아 계획표를 보며 전화를 하였다. 다행히 영인이는 계획한 대로 공부하고 있었다. 밤 12시에 '지금도 공부하고 있다.' 며 문자가 왔다.

다음 날도 "오늘 계획한 대로 공부했니?"라며 문자를 보냈더니 "네."라고 답이 왔다. 나는 이제 남은 4일 동안만 계획을 잘 실천하면 성공하게 될 거라 생각하였다. 어떤 사람이든지 세운 계획을 일주일만 성공하면 끝까지 성공한다는 말을 되새기면서 학교로 돌아왔다.

나는 먼저 영인이 어머니께 이틀 동안 영인이가 어떻게 시간을 보냈는지 여쭈어 보았다. 계획대로 하는 것 같았지만 체력이 부족하다는 걱정을 하셨다. 그 전보다 음식을 더 잘 먹이고 틈틈이 운동도 시키라고 하였더니, 어머니는 지극 정성으로 내 말을 잘 실천하였다. 나는 영인이와 함께 자전거를 타며 운동장을 달렸고, 어머니는 영인이와 집 옆에 있는 학교 운동장을 돌기도 하였다.

4일째가 되는 날은 영인이 학교의 개교기념일이어서 학교에 가지 않았다. 그래서 아침부터 여유 있게 공부할 수 있었다. 영인이는 계획한 대로 실천해 나갔다. 나는 자주

"오늘 공부 몇 시간 하였니?"

"7시간째 하고 있습니다."

"그래, 앞으로 몇 시간 더 할 수 있니?"

"5시간 더 할 수 있습니다."

"그래! 이 세상에 중학생이 너만큼 공부 많이 하는 아이가 어디 있겠노? 이렇게만 하면 너희 학교에서 꼭 1등 할 것 같다."

하고 치켜세웠다. 영인이는 공부하는 것이 재미있고, 공부는 하면 할수록 모르는 것이 많아지고 해야 할 것도 많다고 하였다. 그러나 공부를 하다

가 가끔씩 밖에 나가서 자전거나 산책을 하게 하였다. 그렇게 일주일을 알차게 공부만 하였는데 영인이의 태도는 흐트러지지 않았다. 나는 이렇게만 하면 충분히 가능성이 있다고 생각하였다.

내 예상대로 나머지 2주의 시간도 영인이는 세운 계획을 체크해 가면서 공부하였다. 이것은 영인이의 기본 생활 태도가 갖춰져 있기에 가능한 일이라 생각하였다. 평소 우리 학교의 방과 후 공부방 아이들은 간식이나 도시락을 가져와서 먹을 때에도 쓰레기는 집으로 가져가도록 하였다. 그리고 냄새가 날 만한 간식을 먹고 난 뒤에 반드시 비닐에 넣도록 하였다. 만약에 공동생활에서 기본 질서를 지키지 않으면 공부를 같이하고 싶은 마음이 없어져 소외될 수 있기 때문에 지켜야 할 기본 생활을 강조하였다. 우선 남에게 피해를 주는 행동을 하면 안 된다는 것을 강조하면서 인성 교육은 공부를 잘 하기 위해서 중요하다고 말하였다. 함께 오신 부모님들은 공부보다 가끔씩 하는 나의 인성 교육 강의를 더 좋아하신다. 내 아이가 성공하기를 원한다면 먼저 좋은 인성을 가질 수 있는 교육을 시켜야 할 것이다.

드디어
전교 1등을 하다

계획하였던 20일이 지나고 이제 기말고사 시험까지 일주일이 남았다. 다시 마지막 일주일 계획을 세웠다. 남은 일주일은 교과서와 노트 혹은 참고서의 작은 글자까지도 읽도록 하였다. 시험을 잘 치르기 위해서는 구석진 곳, 작은 글자까지 소홀해서는 안 되기 때문이다. 그리고 나는 항상 영인이만 만나면 질문을 하도록 강조하였으며 누구에게나 질문을 하게 하였다. 음악 선생님이 지나가시면 음악 내용을 질문하게 하였고, 교감 선생님(수학 전공)을 만나면 수학 문제를 여쭈어 보도록 하였다. 또 과학 고등학교 학생들에게도 질문하게 하였으며, 심지어 원주에 사는 언니에게도 질문하게 하였다. 내가 몇 년 전 외국의 어느 학교를 방문하였을 때 학급의 칠판에 '질문을 하지 않는 학생은 권리를 포기한 것이다.'라고 적어 놓은 것을 보았다. 그리고 미국의 대학생들은 질문으로 자기의 지식을 쌓아가며 질문하는 데 서슴거리지 않는다고 한다. 처음에는 서툴고 유치한 질문이지만 1년 혹은 2년이 지나면 상당한 지식을 갖춘 학생이 된다는 것이었다. 질문을 하는 이유는 질문을 한 학생은 그 질문에 답을 듣기 위해 귀를 기울이게 되어 학생들의 성적을 높이는 데 중요한 역할을 하기 때문이다.

전교 1등을 만들기 위한 작전은 재미도 있었지만 무척 힘들었다. 1등이라는 자리는 잠과 놀이 시간을 공부 시간으로 바꾸어야 했다. 우리는 그런 영인이가 잠을 줄일 수 있도록 온갖 노력을 기울였다.

기말고사를 치렀다. 기말고사 후 채점이 끝날 때까지 우리는 불안한 3일을 보냈다.

"과연 영인이가 전교 1등을 할까?"

나는 학교에서, 어머니는 집에서 초초한 마음으로 시험 결과를 기다리고 있었다. 그런데 갑자기 집의 현관문이 열리더니 영인이가 들어오면서 펑펑 울어대는 것이 아닌가! 무슨 사고가 있었는지 불안한 마음이었다.

"엄마! 저 전교 1등이래요."

영인이가 전교 1등을
할 수 있었던 것은

우리는 그동안 기말고사를 위해서 노력하였던 과정들이 주마등처럼 스쳐지나가며 북받쳐 오르는 마음을 주체할 수 없었다. 그리고 그동안 내가 생각하였던 기본 학습법에 대한 확신이 들었다. 내가 처음 천공법을 생각하였을 때는, 많은 의문이 든 것이 사실이었다. 개념 원리라는 참고서도 많이 나와 있고 평소에 문제를 많이 푸는 아이들에게 이 방법이 맞을 것인지도 염려가 되었다. 무엇보다 이 방법을 요즘의 아이들과 부모들이 따라 줄 수 있을 것인가에 관한 의문이 컸다. 그런데 영인이와 영인이 어머니는 처음부터 이러한 방법으로 공부해야 한다고 오히려 나보다 더 강조하면서 잘 따라 주었다.

영인이는 강원도에 있을 때, 400명 이상의 전교생 중에 50% 내외를 오르내리던 학생이었다. 부모가 아이의 성적을 향상시키고자 노력해도 공부에 관심을 가지지 못하였던 아이였다. 그런 아이가 기본 학습법을 통하여 불과 6개월 만에 전교 1등을 한 것이다. 그야말로 팔자가 바뀐 셈이다. 나는 누구나 바른 생활 태도로 이 공부법으로 공부를 한다면 영인이처럼 될 수 있다는 자신감을 얻었다.

이번에 영인이가 전교 1등을 할 수 있었던 것은 어머니와 영인이가 나에게 '1등을 하게 해 달라.'고 한 메시지였다고 생각한다. 그렇게 안 될 것 같았는데 전교 1등이라는 말을 들을 때마다 자꾸만 내 마음속에 1등이 자리 잡아갔고, 결국은 나름대로 계획을 세우고 실천하기에 이르렀다.

그런 다음 천공법으로 성실하게 계획대로 공부할 수 있도록 격려하고 용기를 북돋워 준 것이 중요하다고 본다. 거기에 덧붙이고 싶은 것은 영인이와 함께 세웠던 구체적인 계획들과 '전교 1등을 위하여' 라고 한 목표가 크게 작용하였다. 영인이와 공부하면서 그 글들을 읽었고, 여러 번 읽으니 꼭 그렇게 해야겠다는 마음이 생긴 것이다.

그리고 공부를 하면 할수록 점점 우리가 세웠던 목표로 가고 있다고 생각되었다. 그리고 영인이는 '전교 1등을 위하여' 라는 글을 쓴 것에 대한 책임감이 생기고, 그 글을 볼 때마다 더욱 더 마음을 다지고 노력하게 되었다고 한다.

한번 1등을 하면 주변의 친구나 가족이 바라보는 눈 때문이라도 공부를 하지 않을 수 없게 된다. 등산을 할 때 잘 오르지 못하는 사람을 앞에 세워 길을 걷게 하는 것도 같은 이치이다.

공부하는 좋은 친구가 옆에 있고, TV와 컴퓨터가 없는 방을 만들어 주면 아이들 스스로 자기주도적 학습을 하게 된다. 영인이가 이곳에 온 지 6개월이 지나고 난 후, 영인이를 혼자 공부하게 하였다. 먼저 3개월은 습관을 만들어 주는 시간이고 그 후 3개월은 만들어진 습관을 뿌리내리게 하는 과정이다. 공부는 다른 사람이 대신해 줄 수 없으므로 자기가 해야 한다. 나는 3개월 동안 물고기를 잡는 방법을 알려 주고 다음 3개월은 옆에서 물고기 잡는 것을 훈련시킨 것이었다.

기말고사 후 7월 중순부터 다시 2학기 참고서를 천천히 읽고 쓰고 또 읽고 쓰기를 반복하면서 그 무더운 8월을 보냈다. 2학기가 시작되고 10월 중순에 신종플루 때문에 방과 후 공부방이 폐쇄되었다. 공부방에서 공부하던 아이들 모두 집으로 돌아갔다. 아이들은 동네 도서관으로, 다른 친구 집을 찾아다니며 공부하였다. 가끔 영인이 어머니께 전화를 드리면 영인이는 잘 하고 있다고 나를 안심시켰다. 그리고 3학년 2학기 중간고사와 기말고사가 지나갔다. 그동안 혼자 공부한 영인이 성적이 종합 전체 1등 이라는 소식을 접하였다. 이제 영인이는 졸업식장에서 전체 학생 대표로 우수상을 받을 것이다. 이제 영인이는 자기 나름대로의 공부법으로 공부 하게 될 것이라고 믿는다.

요즘의 영인이는 고등학교 과정을 준비 중이며, 자기주도적 학습을 잘 해내고 있다. 그런 영인이 모습에서 나는 행복을 느낀다. 가르치는 사람 으로서 이보다 더 큰 기쁨이 어디 있겠는가!

나는 어렸을 때부터 욕심이 많았
다고 한다. 그래서 4살이나 나이가
많은 언니에게도 지기 싫어하고 아
기였을 때도 조각 수박보다는 큰
수박 통을 가지고 먹는 것을 좋아
했다고 한다.

□ 공부방의 천사 영인이

어릴 적 나의 큰 스트레스는 공부였다. 언니가 워낙 공부를 잘해서 친
척들과 다른 사람들 모두 언니에게로 자연히 시선이 집중되었다. 다른 사
람들이 "언니는 잘하는데 둘째는 어떻게 저래요?"라며 걱정하면서 언니
와 비교하는 사람들이 싫었다. 그래서 아마 공부를 잘하고 싶다는 생각이
들어 나름대로 열심히 했지만 성적 결과는 잘 나오지 않았다.

암기 과목이야 죽어라 외우면 해결됐지만 이해가 필요한 영어, 수학,
과학은 나에게 너무나 힘든 과목이었다. 수학 공부는 문제의 답을 알아맞
혀 가는 뿌듯함에 한다던데, 나는 수학 문제를 푸는 것마다 틀리니 뿌듯
하기는커녕 미칠 지경이었다. 문제를 보기도 싫었다. 그래서 학원을 다녔
다. 언니가 추천한 학원이었는데 정말 소문대로 아이들을 꽉 잡는 학원이
었다. 나는 아마 이 학원을 다니면서 수학에 흥미를 더 잃은 것 같다. 너
무나 많은 양의 문제들을 풀게 했다. 숙제 양이 방대하다 보니 개념을 다

시 읽을 사이가 없었다. 이렇게 영어와 수학을 하면서 절반은 자고 절반은 울면서 문제를 풀었다. 이런 식으로 하니 당연히 점수가 잘 나올 리 없었다.

그러던 중 외할머니를 만나러 언양에 가야 할 일이 생겼다. 오랜만에 친척들이 모였는데, 이모가 갑자기 과학고등학교에 면담을 가신다는 것이었다. 어머니는 외할머니 보러 온 건데 가지 말라며 할머니와 함께 온천이나 다녀오자고 하셨다. 나는 과학과 수학을 워낙 싫어해서 외국어고등학교라면 몰라도 과학고등학교는 한 번도 '가고 싶다.'고 생각해 본 적이 없었다. 하지만 왠지 모르게 가고 싶은 마음이 생겨났다. 나는 아직도 왜 갑자기 내가 과학고등학교에 이모를 따라가고 싶어 했는지 이해가 안 된다. 하지만 한순간의 충동적인 생각이 정말 인생을 바꿀 수 있다는 생각이 들 정도로 과학고등학교에 간 일은 정말 잘한 일이었던 것 같다.

과학고등학교에 가자 교장 선생님은 사촌동생인 도훈이 위주로 이야기를 하셨기 때문에 처음엔 별 관심이 없었다. 하지만 자꾸만 선생님이 말씀하시는 이야기에 빠져들게 되었다. 나는 내가 하는 공부에 희망이 없다고 생각했지만 언제나 잘하고 싶다는 욕심은 있었기 때문에 선생님께서 하신 눈 밝은 선생님을 만나야 팔자가 바뀐다는 말씀에 내 마음이 끌렸다. 내가 정말 선생님께 배운다면 공부를 잘하게 될 것만 같았다. 워낙 성격이 소심해서 선생님께 아무 말도 하지 못하고 속으로만 생각하다가 선생님께서 명함을 주시자 작은 목소리로 선생님께 물었다.

"선생님, 메일 보내도 되나요?" 선생님께서는 흔쾌히 허락하셨고 원주로 돌아가자마자 선생님께 메일을 보냈다.

그 뒤 겨울 방학 때 울산 언양에 있는 과학고등학교에서 공부를 해도 된다는 메일이 왔다. 솔직히 처음 내 생각은 과학고등학교에서 공부한다는 것은 화학실험하고, 별자리 관측하고 이런 것일 거라 생각했다. 그렇지만 과학고등학교에 오자 나를 맞이하는 것은 책상과 연필이었다. 하지만 내가 과학고등학교에서 배운 공부는 실험이나 관측보다 더 흥미로운 공부였다. 바로 천천히 읽고 개념을 잡아가는 공부법이었다. 여태까지 해온 방법과는 정반대였다.

"왜 천천히 읽어?" 하고 이해 못하는 사람도 많이 있었다. 하지만 천천히 읽다 보면 더 자세히 읽을 수 있으며 천천히 보려고 애쓰다 보면 그 개념에 대한 여러 가지 생각을 하게 되었다. 또한 선생님은 문제를 풀지 말라고 하셨다. 개념이 잡히기도 전에 무작정 학생들은 문제를 풀기 때문에 어렵게 생각된다는 것이었다. 선생님을 만나고 공부하면서 느낀 것이지만 정말 선생님 방법은 나에게 딱 맞았다. 문제풀기를 하면 좌절부터 하는 나에게 문제를 풀지 말라는 것은 공부하면서 느끼는 스트레스들을 없애 주는 것이었다. 그리고 꼼꼼히 읽다 보니 그 개념들에 대한 자신감이 붙어서 남들에게 설명을 할 수 있게 되자 내 공부가 되는 기분이 들었다.

그래도 솔직히 불안했던 것은 사실이다. '과연 내가 문제를 하나도 안 풀고 잘 할 수 있을까? 이 개념들을 정확히 활용하고 이해하고 있는 것일까?' 하는 생각들이 종종 생겼다. 하지만 사촌인 다현이가 내게 문제를 물어봤을 때 그런 고민들은 다 사라져 버렸다. 내가 틀리지 않고 문제를 풀어 준 것이다! 나로서는 감동이었다. 항상 수학만 생각하면 눈물을 흘리는 과목이었는데 몇 문제 안 되지만 이곳으로 오기 전에는 울면서 풀던 문제가 쉽게 술술 풀리자 매우 기분이 좋았다.

사람들은 문제를 풀어 보는 것이 시간을 단축한다고 생각하지만 오히려 개념을 읽어 보는 것이 시간 단축의 길인 것 같다. 말로는 천천히 읽는 것이지만 지름길로 들어서는 길인 셈이다. 한 문제에서 개념을 몰라 질질 끌고 힘들어 하는 것보다 개념을 알고 집중력을 높여 나중에 문제들을 푸는 것이 더 뿌듯하고 빠르다.

그렇게 열심히 방학을 보내던 중 개학이 다가오고 있었다. 내가 원주에 가서도 이렇게 체계적으로 할 수 있을까 걱정이 되었다. 정말 언양에 사는 아이들이 너무나 부러웠다.

그렇게 고민하면서 나는 어머니께 이곳으로 전학을 오자고 말씀드렸다. 어머니도 나와 뜻이 같았지만, 솔직히 엄청난 고민이었다. 물론 선생님과 공부하는 것도 좋지만 나는 여태까지 전학을 가 본 적이 없었기 때문이다. 우리 학교로 전학 오는 아이들을 이해할 수 없었다. 전학 와서 아이들이랑 잘 지내는 것을 본 적이 없었기 때문이다. 친구 관계도 그렇거니와 예전처럼 활발하게 이 아이들이랑 놀 수도 없을 것 같았다. 또 원주에 있는 친구들과도 분명 멀어질 것이 분명했다. 하지만 마음을 굳히고 이런 기회가 다시는 없을 것이라 생각하고 전학을 결심했다.

그 후 선생님과 계속 공부하면서 그 전에는 상상도 못했던 좋은 성적을 경험했다. 물론 힘들거나 고비도 많았다. 공부는 인내와 끈기가 필요하지만 공부를 하면서 산만하였던 나의 성격은 점점 차분해져 갔다. 마지막으로 나를 위해 원주에서 언양까지 함께해 주신 어머니와 또 나를 위해 원주에서 혼자 숙식을 해결하시는 아버지! 나의 공부를 위해 끊임없이 활력을 주시는 선생님의 말씀 한 마디 한 마디가 큰 도움이 되었다. 나를 공부하게 만들어 주신 선생님께 정말 감사드린다.

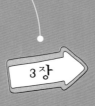

3장

산만했던 아이가
1등을 하기까지

– 병찬이의 일기

병찬이와의 만남
병찬이의 태도 바꾸기 작전
병찬이가 드디어 1등을 하다

아이의 습관을 바꾸는 데는 부모만큼 좋은 스승이 없다.

계속 지켜보아야 한다. 100일이면 가능하다.

100일 동안만 아이를 위해 노력하자.

어릴 때 좋은 습관을 가지면 몇 년 뒤 훌륭한 인재가 될 수 있다.

병찬이와의 만남

⋮

　지금까지 농촌에 있는 여러 아이들이 울산과학고등학교 공부방을 거쳐 갔다. 가장 기억에 남는 아이가 영인이지만 그에 못지않은 또 한 명의 아이가 바로 바로 병찬이다.

　사실 지나간 일에 대해 기록해 두지 않으면 그때의 일을 정확히 기억해 내기가 쉽지 않다. 아마 처음부터 내가 책을 쓸 결심이었다면 영인이의 이야기도 좀 더 자세히 기록해 두었을 것이다. 그랬더라면 여러분께 좀 더 생생한 이야기로 전해 드릴 수 있었을 텐데…….

　그에 반해 병찬이의 경우는 초등학생으로, 어리기 때문에 보다 조심스럽게 접근하고 지도해야겠다는 마음에서 기록을 해 두었다. 이 책에서도 평소에 기록해 두었던 일기를 중심으로 병찬이의 이야기를 엮어 가려고 한다.

병찬이와의 만남
- 2009년 4월 11일

우리 공부방 아이들이 중간고사를 앞두고 열심히 공부하고 있을 무렵 부산에서 초등학교에 근무하는 친구로부터 한 통의 전화가 왔다.

"도 선생, 내가 좋은 선생님이 있다고 했더니 우리 반 학부모들이 한 번 찾아뵙고 싶다는데 시간 있나?"

아마도 친구가 내 학습법에 대해 학부모들에게 자랑을 한 모양이었다. 무엇보다 그 학습법을 가르친다는 사람이 과학고등학교 교장이라는 데 관심이 더 많았던 것 같다. 나는 이 학습법을 전하는 게 내 사명이라 생각하고 있었기에 아이에 관한 상담은 언제라도 좋으니 오시라 하고 전화를 끊었다. 그리고 그 주 토요일, 네 가족이 부산에서 언양까지 왔다. 초등학교 3학년부터 6학년까지 다양한 아이들이 있었다.

부산에서 온 네 가족 중에는 공부를 잘하는 아이도 있었고, 앉은 자세가 바른 아이도 있었다. 그날따라 다른 학교 학생들도 본교를 방문하여 학교는 매우 복잡하였다. 아이들은 조심한다고 하였지만 소란스러웠다. 다른 학교 학생들을 인솔한 선생님은 떠드는 아이를 지도하느라 애쓰시고 계셨다. 사실 교사 한 명이 한 학급의 학생 모두에게 인성 지도를 하는 것은 불가능할 것이다. 그러나 잘못된 습관은 바로잡아 주어야 한다. 그래서 나는 학생들 한명 한명 지도하고 계시는 선생님이 존경스러웠다.

우리 공부방에 도훈이라는 중학교 1학년 학생이 있다. 도훈이는 남의 일에 관심이 많았다. 그리고 도훈이에게 질문을 하면 질문의 요점을 잘 파악하여 답을 해야 하는데 주변 상황을 설명하는 경우가 많았다. 어느 날 도훈이 어머니께서 상담하러 오셨기에 어머니께 이 사실을 말씀드렸다. 어머니는 깜짝 놀라시며 아직 학교 선생님들이나 학원 선생님들 중 어느 누구도 그런 말씀을 해 주신 적이 없다고 하는 게 아닌가. 어머니는 이제껏 "도훈이가 잘한다. 잘한다." 하는 소리만 들었다는 것이다. 그러면서 앞으로 신경 써서 살펴보도록 할 테니 문제가 있으면 언제든지 지적해 달라고 하셨다. 만약 내가 싫은 말 하기를 두려워하여 이 사실을 말해 주지 않았다면 도훈이의 잘못된 성품을 누가 고칠 수 있었겠는가. 그 후 도훈이 어머니께서는 집에서도 도훈이에게 다른 사람의 이야기를 경청해서 요점이 무엇인지를 알아내도록 지도한다며 감사해 하셨다.

보통 학부모들은 아이들이 밖에서 하는 행동을 정확하게 알지 못하는 경우가 많다. 다른 사람들의 질문에 얼마나 분명하게 답하고, 친구들을 잘 배려하며, 인사를 잘하는지 알아야 할 것이다. 주변 사람으로부터 칭찬받는 것은 아이가 어떤 행동을 하는가에 달려 있다.

이런 이유로 나는 학부모들이 학습에 대하여 상담하러 오시면 인성 교육을 강조하면서 먼저 아이의 기본 생활 태도에 대하여 이야기한다. 그런 후에 공부 방법에 대하여 설명한다. 여기서 좋은 인성이란 '남이 싫어하는 행동을 하지 않는 것'으로 보면 된다. 남에게 피해를 주는 행동을 하지 않는 것은 이미 선진국에서는 자녀 교육의 첫째로 꼽는 부분이기도 하다. 일본에서는 남에게 피해를 주지 않는 것이 상식으로 통하지 않는가!

다시 부산에서 온 네 가정의 학부모 이야기로 돌아가 보자. 이들의 관심은 어떻게 하면 자기 아이들의 학력을 향상시킬 수 있느냐 하는 것이었다. 나는 이 부모들에게도 가장 먼저 인성의 중요성을 역설하였다.

그런데 네 가족의 아이들(8명)은 어리지만 한자리에 앉아 가만히 어른들의 말씀에 귀를 기울였다. 네 분의 어머니들이 아이들을 매우 조심시키고 있었기 때문이었다. 어른이 이야기할 때 아이들은 기다릴 줄 알아야 하며, 모든 생활이 아이 중심보다 어른 중심이 되어야 한다는 이야기도 나누었다.

공부 방법에 있어서도 너무 빨리 진도를 내면 안 되고 천천히 이해하는 것이 중요하다고 말했다. 그리고 실험실과 천체관, 음악실, 기숙사, 도서관, 학습실을 둘러보고 자연스럽게 아이들의 마음속에 큰 꿈을 가질 수 있도록 안내하였다.

그리고 며칠이 지난 어느 날 한 통의 전화가 걸려 왔다.

"저, 병찬이 엄만대요. 지난번 교장 선생님 이야기를 듣고 너무 감동했습니더. 혹시 매주 토요일마다 우리 병찬이도 공부방에서 공부할 수 있겠습니꺼?"

보통의 어머니들은 한번 방문하고 돌아가면 연락을 하지 않는 경우가 대부분이다. 그런데 먼 곳에서 주말마다 공부하러 오겠다고 하니 사실 어떻게 할지 망설였다. 그렇게 하여 나와 병찬이와의 만남이 시작된 것이다.

병찬이 어머니는 당장 바로 그 주 일요일부터 도시락을 가지고 학교로 찾아왔다. 먼 곳에서 찾아온 경우는 강원도에서 온 영인이 이후 두 번째이다.

그렇게 찾아온 병찬이에게 그냥 평소에 하던 대로 공부를 하라고 하였다. 그러자 병찬이는 문제집을 꺼내더니 계속해서 문제를 풀기 시작하였다. 병찬이 어머니는 옆에서 병찬이가 문제 푸는 것을 도와주고 있었다. 그러면서 병찬이가 풀이한 답이 틀리면 아는 것을 실수로 잘 틀린다며 주의를 주었다. 그러나 나는 아무 말도 하지 않고 그저 지켜보고만 있었다.

지금까지 병찬이는 이 학원과 저 학원 그리고 개인 과외를 하면서 수많은 수학 문제를 풀었다고 하였다.

공부 이외의 병찬이의 행동을 살펴보자. 일요일이면 병찬이네 가족이 학교에서 점심(도시락)을 먹었는데, 병찬이는 재빨리 어머니를 도와 수저를 놓고 밥과 반찬을 나누었다. 그리고 식사 후 그릇 정리나 뒷정리를 하기도 하였다. 그리고 집으로 돌아갈 때도 병찬이가 무거운 가방을 들고 가는 것이었다. 나는 병찬이의 행동에서 평소 어머니가 어떻게 교육시키는지 짐작할 수 있었다. 이런 것들은 윗사람에게 칭찬받을 행동임에 틀림 없을 것이다.

울산에 계시는 영어 교사 한 분이 미국으로 연수를 가게 되었는데, 초등학생이 있는 집에서 홈스테이를 하게 되었다. 그런데 초등학교 5학년인 딸이 식사 후에 자기가 먹은 음식 접시와 포크, 칼 등을 물로 헹구어 식기세척기 속에 넣어 놓고 식사를 마치는 것이었다. 그렇게 하는 것이 습관화되어 있었고, 어머니는 식사 준비를 할 때 사용한 프라이팬 하나 정도만 더 정리하더라는 것이었다. 그리고 가끔씩 캠핑을 함께 다녔는데, 어디를 가든지 자기가 만든 쓰레기나 뒷정리는 각자가 하고 있었으며, 어른이 되어 해야 할 일을 어릴 때부터 교육을 시키고 있었다고 하였다.

연수를 다녀오신 선생님은 이러한 습관이 되어 있지 않은 아이가 다른 집을 방문하거나 어른이 되면 누가 뒷바라지를 해 주겠느냐 하면서 어릴 때부터 가르쳐야 한다고 하였다.

나는 병찬이 어머니와 인성 교육에 관한 이야기를 많이 나누면서 천공법에 대해 설명해 주었다.

칭찬할 수 있는 기회를 만들어라 - 4월 17일

병찬이 어머니는 병찬이를 수학 과목 때문에 데리고 오신다고 하셨다. 그리고 집에서는 모르는 병찬이의 인성, 즉 여러 사람들 속에서 병찬이가 어떻게 행동하는지 알기 위해 오셨다고 하셨다.

사실 보통 부모님들은 자기 아이가 밖에 나가 어떤 행동을 하는지 잘 모르는 경우가 많다. 그런데 병찬이 어머니는 집단 속에서 아이가 어떤 행동을 하는지 알아보고 싶다는 특별한 생각을 가지고 계셨다. 내가 관찰한 있는 그대로를 말해도 될 것인지 약간 염려가 되었지만, 영인이 어머니와 상의하면서 병찬이를 계속 관찰하며 병찬이 어머니께 말씀드리기로 하였다.

사실 아이의 생활 태도를 바르게 만들려면 모든 행동을 관찰하고 지적해 주어야 한다. 병찬이 어머니는 병찬이가 남자아이라서 그런지 다소 산만하고 넉살이 좋은 성격이라고 하셨다. 많은 어머니 중에서 공부 외에 아이의 인성을 알기 위해 오신 분은 처음이었다. 병찬이 어머니께는 병찬이의 학습 태도와 생활 태도를 관찰하도록 하였다. 좋은 인성을 가지면 성적은 저절로 따라오게 된다고 강조하면서 나는 병찬이에게 수학에 관한 기초 개념을 질문하였다. 병찬이(초등학교 6학년)는 아무 말도 못하였는데 오히려 동생인 보현(초등학교 4학년)이가 대답을 하였다. 무엇보다 병찬이가 경청하는 태도를 보이지 않아 병찬이 어머니는 더 안타까워하였다. 수업 중에 병찬이는 다리를 올리기도 하고 흔들기도 하였는데, 옆에 계신 어머니께서는 자꾸 주의를 주셨다.

평소에 병찬이 동생인 보현이가 대답을 더 잘한다고 주변의 칭찬을 받고 있었기 때문에 병찬이는 자기의 생각을 잘 표현하지 못하는 것 같았다. 나는 보현이보다 병찬이가 칭찬받을 수 있는 기회를 만들어야겠다고 생각하였다.

병찬이에게 하는 최고의 찬사 - 4월 24일

병찬이 어머니께서는 3주째에도 변함없이 아이 둘을 데리고 언양까지 오셨다. 그리고 아침부터 밤까지 공부를 하는데 아이들 옆에서 성의를 다하는 모습을 보여 주셨다. 병찬이의 학습 태도는 점점 나아지고 있었다.

아이를 잘 키우기 위해서는 어떻게 해야 할까를 고민하는 병찬이 어머니께 가장 좋은 방법은 많은 시간을 아이와 함께 보내는 것이라고 하였다. 그렇게 아이와 시간을 보내면 아이를 잘 관찰할 수 있고, 아이의 장점과 단점을 발견하여 장점은 키워 주고 단점은 지적해 줄 수 있기 때문이다.

우리가 집에서 콩나물을 키울 때도 마찬가지다. 하루 종일 집에 있으면서 시간에 맞춰 콩나물 시루에 물을 주면 발도 없이 적당하고 예쁘게 잘 자란다. 그런데 하루 종일 밖에 나가 있다가 밤에 집으로 돌아와 콩나물을 보면 발이 길어져 서로 뭉쳐지고 마음대로 커고 있는 것을 볼 수 있다. 콩나물뿐만 아니라 모든 식물이 주인이 보살피는 대로 커듯이 자녀도 마찬가지다.

병찬이 어머니께 집에서 공부할 때도 방문을 열어 놓도록 권하였다. 벽까지 없으면 더 좋겠지만 그렇게 할 수는 없고, 문을 열어 놓는 습관을 들이면 모든 것이 공개가 되므로 아이들이 다른 행동을 할 수가 없다. 사실 요즈음 아이들 중 게임을 마다할 아이가 몇 있겠는가? 교육방송을 듣는 척하면서 게임을 하는 방법은 마우스로 '클릭' 소리만 조절하면 된다고 한다. 이때 대부분의 어머니는 교육방송을 듣고 있다고 착각한다고 아이들이 말한다. 이렇듯 남이 지켜보지 않으면 누구나 마음대로 행동할 수 있는 것이 우리 사람들이다. 그래서 법과 질서가 있는 것이다. 이는 어린아이나 초등학생, 중·고등학생은 물론 어른에게도 마찬가지로 해당되는 이야기일 것이다. 아이들은 잠깐 한눈을 파는 사이 도로로 뛰어들어가기도 하고 위험한 광경을 연출하기도 한다. 대부분의 초등학생이나 고등학생도 마찬가지로 혼자 내버려 두면 자기가 우선 즐겁고 좋아하는 것만 하게 될 것이다.

아무리 칭찬이 좋다고 하지만 칭찬할 것이 없는데 억지로 칭찬할 수는 없다. 그러나 교사가 칭찬할 기회를 만들어서 아이를 칭찬해 준다면 아이는 자신감을 갖고 서서히 변화될 것이다. 나는 이 원리를 병찬이에게 적용해 보기로 하였다.

병찬이와 보현이에게 질문을 하면 병찬이는 말이 없고 보현이가 대답을 하였다. 보현이의 대답에 나는 못들은 척 관심이 없는 척하면서 병찬이가 답을 하도록 유도하였다. 그 순간 병찬이가 비슷한 답을 하면 나는 그때 깜짝 놀란 듯이 두 눈을 크게 뜨고 "너 같은 아이는 처음 봐, 정말 잘한다, 어떻게 그런 답을 생각해 낼 수가 있지?" 하면서 내가 할 수 있는 최고의 찬사를 보냈다. 그랬더니 병찬이의 기가 조금 살아나는 게 느껴졌다.

그리고 공부 시간 외에도 병찬이를 만나면 "난 너밖에 없어."라고 말하면서 '8초 안아 주기'를 하였다. 8초 안아 주기란 8개를 셀 동안 꼭 안아 주는 것으로 아이가 사랑을 느끼게 하는 매우 좋은 방법이다. 이 방법은 여러분들도 아이들에게 꼭 해 보기를 권하고 싶을 정도로 좋다.

병찬이와 보현이 그리고 어머니

이후에도 병찬이가 조금이라도 잘하는 게 보이면 칭찬을 아끼지 않았다. 이렇게 하였더니 병찬이의 얼굴은 점점 밝아졌고 공부가 재미있다는 말까지 하게 되었다.

병찬이와 몇 번의 공부를 한 후, 얼마 지나지 않아 부산의 친구에게서 전화가 왔다. 친구는 병찬이의 담임 선생님이기도 하였다.

"그렇게 공부하기 싫어하던 애가 도 선생을 만나고 나서부터 공부하는 것이 정말 재미있다고 하네. 그리고 과학고등학교 가는 날이 기다려진다니 정말 대단하다!"

그 전화를 받고 나는 매우 기뻤다. 드디어 병찬이에게도 변화가 온 것이다. 무엇보다 공부는 억지로 하는 것이 아니라 본인이 스스로 하고 싶어 해야 한다. 병찬이가 주말이면 과학고등학교에 오고 싶어 하는 것처럼 이제 나도 주말이면 병찬이가 보고 싶어졌다.

이번 주에는 병찬이와 도훈이를 데리고 암석을 관찰하기 위해 언양초등학교를 찾아갔다. 실물을 보는 것보다 더 좋은 교육은 없기 때문이다. 거기에 있는 30여 종의 암석을 분류하기도 하고 이름을 적어 오기도 하였다. 암석을 보다가 무슨 기억이 났는지 도훈이가 이런 말을 하였다.

"선생님, 우리 반에 어떤 아이가 혼자서 곤충을 잡아 날개를 관찰하다가 떼어 보기도 하고 ……. 그렇게 하다가 과학을 100점 받았지 뭐예요. 그 애는 공부를 많이 하지도 않았는데, 그냥 밖에 나와 관찰만 하였는데 그런 좋은 성적을 얻었다 아입니꺼."

공부를 하는 방법은 다음과 같다고 한다.

읽으면 10%

들으면 20%

보면 30%

보고 들으면 50%

토론하면 70%

경험하면 80%

다른 사람을 가르치면 95%

를 배운다는 말이 있듯이 도훈이 친구가 과학 과목에서 100점을 받은 것은 결코 우연이 아닐 것이다.

우리 학교에 초청된 어떤 교수님께서 다른 나라의 영재 교육에 관하여 말씀하셨다. 호랑이에 관한 학습을 한다면 선생님이 학생들을 인솔하여 직접 동물원에 가서 호랑이를 보여 주면서 눈과 귀, 입 등을 관찰하는 학습을 해야 한다고 하였다. 이러한 수업을 한다면 학생들의 학습 효율은 더욱 높아질 것이라고 하셨다.

그리고 본교에 인하대학교에 계신 임 교수님을 초청하여 특강을 한 적이 있다. 가장 마음에 남는 말씀은, 학생들은 교수의 강의 내용을 의심해 보아야 한다는 내용이다. 학생이 선생님의 전달 내용을 듣고 100% 옳다고 믿어 버리면 발전이 있을 수 없기 때문이라고 하셨다. 여기서 의심해 보라는 것은 나쁜 의미가 아니라 보다 많은 생각을 해야 한다는 것을 뜻한다.

우리 학교에는 미국에서 오신 원어민 선생님이 한 분 계신다. 나는 틈만 나면 원어민 선생님에게 "어릴 때 어머니께서 어떻게 교육시키더냐?"라고 물어본다. 우리네 부모님과 어떻게 다른지 알고 싶었기 때문이다. 우리 원어민 교사는 초등학교 시절, 어머니(정신과 의사)와 함께 교과서에 실려 있는 소나무 공부를 하게 되었다고 한다. 그런데 어머니께서 자기 손을 잡고 뒷산으로 가서 소나무가 어떻게 생겼는지 솔잎과 나무 기둥을 만져 보게 하였으며, 소나무 숲을 거닐면서 이 나무와 저 나무를 비교하면서 관찰하도록 하였다고 한다. 그리고 소나무 잎이 달린 작은 가지를 꺾어 와서 흰 도화지의 한쪽 옆에 붙인 후, "소나무를 그려 보라."고 하셨다고 한다. 아이는 소나무를 충분히 관찰하였고, 관찰하기 전에 백과사전에서 소나무의 특징에 대하여 조사하였기 때문에 소나무를 쉽게 그릴 수 있었고 그림에 대하여 상세한 설명까지 하였다고 한다. 정말 살아 있는 현장 교육으로 정확하고 기본적인 학습 방법이라고 생각되었다. 하나를 가르치더라도 세밀하게 가르치면 그 나머지 부분은 스스로 자세히 공부하게 될 것이다. 덕분에 그 원어민 선생님은 소나무에 대해서 정확히 알고 있을 뿐만 아니라 오랜 세월이 흘렀는데도 소나무에 대한 많은 지식을 가질 수 있게 되었다고 한다.

현장 교육 – 5월 8일　　　　　오늘은 병찬이와 보현이를 데리고 모내기하는 논에 가 보았다. 병찬이와 보현이는 모내기하는 모습을 처음 본다고 하였다. 마침 논에는 개구리밥도 볼 수 있었다. 모두가 교과서에서 사진으로만 볼 수 있었던 광경이다. 그런데 이렇게 실제로 보게 되니 얼마나 뚜렷한 기억이 될까 생각하였다.

현장 교육 모습

나는 병찬이 어머니께 아이들을 데리고 학교 울타리 가까이에 있는 땅에 작은 밭을 만들어 옥수수도 심고 상추 씨도 뿌려 보라고 하였다. 그러자 병찬이 어머니는 영인이 어머니처럼 내가 말한 모든 것을 그대로 실천해 주었다. 병찬이는 땅을 파고 옥수수 씨를 뿌리고 상추 씨도 심으며 도심 속에서는 할 수 없는 자기 밭을 만드는 특별한 경험을 하였다.

병찬이의 진보 – 5월 15일

드디어 병찬이가 힘들어 하던 수학과 과학에서 조금의 진보가 보였다. 나는 병찬이가 바르게 앉아 있으면 자세가 바르다고 말해 주었고, 한 문제를 풀면 "어떻게 이런 아이디어가 나왔어!"라고 하면서 무척 좋아해 주었다. 점차 병찬이는 자신감이 있는 대답을 하고 질문도 자주 하였다.

공룡 구경을 가다 – 5월 21일

이날은 고성에서 세계 공룡박람회가 열린다고 하여 병찬이 가족들과 함께 고성으로 갔다. 아이들의 관찰력과 집중력을 기르는 좋은 기회였다. 우선 병찬이와 보현이에게 관람한 후 공룡에 대하여 설명하라는 과제를 내 주었다. 그리고 공룡에 대하여 설명을 듣거나 그곳에 써 놓은 글을 읽으면서도 필기는 하지 못하게 하였다. 관람을 마치고 난 후, 무엇을 보고 느꼈는지 발표를 하게 하였다. 더듬거렸지만 자기의 생각을 말할 수 있게 한 것은 아이들에게 집중력을 길러 주는 것이기 때문에 좋은 시간이라고 생각하였다. 보통 아이들은 미술관이나 박물관을 관람할 때도 깊게 생각하지 않고 '보았다' 는 것으로만 만족하게 되는 경우가 많다.

나는 울산과학고등학교 개교를 위해 2003년에 미국의 영재 학교를 방문하여 생물 시간에 참관한 적이 있었다. 그 생물 시간은 '계곡에 사는 생물' 이라는 단원이었는데, 교사가 차량을 준비하여 아이들을 태우고 계곡으로 가서 흐르는 물속에 사는 생물에 대하여 설명하였다. 그런데 한 명의 학생도 교사의 설명을 필기하는 학생이 없었다. "왜 필기를 하지 않지?" 하고 물어보려 하여도 어찌나 집중하던지 말을 붙일 수가 없었다. 그런데 그날 공부한 내용은 다음 날까지 보고서를 제출한다는 것이었다. 그 학교 방문 일정을 마치고 떠나올 때 생물 선생님께 여쭈었다. 학생들에게 선생님의 설명을 필기하지 않고 듣게 하는 것이 집중력을 높이는 것이라 하며 모든 과목을 그렇게 한다고 하였다.

우리도 공룡박물관에서 병찬이와 보현이에게 집중력을 높이는 특별한 수업을 한 것 같아 즐거웠다.

병찬이의 태도 바꾸기 작전

:

방학 때 언양으로 온
병찬이 – 7월 20일

병찬이를 만난 지도 어느덧 3개월이 지나
무더운 여름이 되었다. 병찬이는 방학을 하
였고, 이제 방학을 어떻게 보내야 할지 중요
한 결정을 내려야 하는 상황이 되었다. 병찬이 어머니는 방학 동안 언양
에 병찬이를 두고 싶다고 하셨다.

"병찬이가 원하는 겁니꺼? 병찬이가 하고 싶어 해야 합니다. 영인이도
자기가 선택했십니더."

병찬이는 혼자 생활하는 것에 신이 났다. 매일 듣는 어머니 잔소리에
서 탈출한다고 좋아라 하는 것 같았다. 어머니께서 안 계시는데 혼자서
잘할 수 있을지 내심 걱정이 되었다. 왜냐하면 한 달 만에 행동을 변화
시킨다는 것은 결코 쉬운 일이 아니기 때문이었다. 나는 오랜 고민 끝에
병찬이가 방학 동안 언양에 와 있는 것을 허락하였다. 내가 병찬이와

지내는 시간이 많으면 어머니께서 걱정하시던 행동 관찰도 잘할 수 있을 것 같았다. 행동 관찰 내용은 특별한 것만 어머니께 말씀드리기로 하였다.

아무리 병찬이 어머니께서 병찬이의 인성을 강조하지만 결국은 병찬이 수학 과목의 점수가 더 중요할 것이라고 생각하였다. 그래서 우선 병찬이가 수학 과목을 공부하도록 유도하였다. 사실 내가 조금만 안내하면 영인이 어머니와 공부방 형들이 병찬이를 많이 도와주었다. 그리고 수학 참고서 4, 5, 6학년 3권을 사게 하였다. 왜냐하면 수학 과목에서 항상 아는 것을 틀린다고 어머니께서 걱정하셨기 때문이었다. 그리고 먼저 4학년 내용을 공부하게 하였다. 6학년인 병찬이는 '겨우 4학년'이라고 하며 실망하는 기색이 역력하였다. 그때 나는 병찬이에게 말하였다.

"그래, 4학년 수학 자신 있나? 이 책에 있는 기본 문제를 잘 풀 수 있어야 5학년 수학을 할 수 있다."

집중력 기르기
– 7월 21일

"병찬아! 한번 자리에 앉으면 쉽게 일어나지 말고, 누가 옆에 와서 보고 있어도 너는 공부만 하여라." 하면서 주위에 신경을 쓰지 못하도록 하였다.

틈나는 대로 나는 기본 문제에 대하여 질문하였다. 보통 아이들은 배짱이 없어 어른들 앞에서 말을 잘하지 못하는데 병찬이는 어릴 때부터 운동(합기도 2단)을 해서인지 뱃심은 두둑하였다. 처음 왔을 때, 병찬이는 질문을 하면 깊이 생각해 보지도 않고 쉽게 "모른다"고 하였는데, 점차 천천히 문제를 생각하며 답을 하였다. 그리고 90분간 한자리에 앉아서 공부하도록 하였다. 공부방의 시간표가 중학생을 기준으로 만들었기 때문에 90분간의 공부 시간과 20분간의 쉬는 시간을 시간표대로 지키도록 하였다.

한 곳에 오랫동안 앉아 있는 훈련도 필요하지만 집중력을 기르기 위해서 조용한 곳(좋은 환경)에서 공부를 하는 것보다 '떠드는 곳(나쁜 환경)에서 공부를 시키는 부모들도 있다고 한다.

병찬이에게 집중력을 기르기 위해 공부방을 일부러 조용하게 하지 않았다. 시끄러운 분위기에서도 집중해서 공부를 잘한다면 어떠한 환경에서도 잘할 수 있을 것이기 때문이다. 영인이 어머니도 병찬이는 다른 아이들이 떠들어도 집중을 잘한다며 칭찬해 주었고, 영라(영인이 언니가 방학이라 강원도에서 언양으로 왔다)도 병찬이를 보고 감탄하였다.

쉬운 문제를 풀게 하여 긴장하게 하는 병찬이
– 8월 2일

병찬이가 방학을 하고 이곳에 온 지도 10여 일이 지났다. 그리고 때는 가장 무덥다고 하는 8월 초순이었다. 병찬이는 점점 자세가 흐트러지기 시작하였다. 다른 형들과 친해져 이야기도 많이 하고 그전처럼 오래 앉아 집중하지도 않았다. 사실 아이는 아이이기 때문에 긴장할 수 있는 환경을 자주 바꾸어 주어야 학습 효과를 높일 수 있다.

공부방의 형들과 친해지면서 자만해진 것 같은 병찬이에게 아주 쉬운 수학 문제를 풀어 보게 하였다. 지금의 자세로서는 분명히 틀릴 것 같았다. 6학년 수학 교과서의 첫 단원에 있는 문제를 풀게 하였다. 병찬이는 모두 정답을 맞혔다. 이번에는 그 문제를 약간 응용하여 테스트를 하였다. 그랬더니 10문제 중 4문제만 정답을 표시하였다. 나는 그래도 아무 말 하지 않고 틀린 6문제를 다시 조심스럽게 풀어 보게 하였다. 그러자 이번에도 3문제만 풀이 과정을 쓰고 3문제는 풀지 못하였다. 나는 다시 문제를 조금 변화시켜 풀어 보게 하였으나 역시 풀지 못하였다. 병찬이는 자신에게 실망하고 있었다. 병찬이가 틀린 문제는 6학년 2학기에 있는 수학의 기본 문제인 $80 \div 160$이었기 때문이었다. 병찬이는 이 문제의 답을 '2'라고 적었다. 자만하고 있었다. 아무리 훌륭한 선수라도 시합에 나갈 때 방심을 하면 지는 것은 당연하다. 그러면 수학의 기초부터 해야 할까? 앞이 캄캄하였다.

엉뚱한 생각을 하면서 공부를 해서는 안 된다고 해야 하는데 좋은 말로 설득하기가 어려웠다. 그리고 우선 나의 마음을 차분하게 가라앉히기가 어려웠다. 큰소리로 꾸중하지 않으면서 먼저 답을 끝까지 가르쳐 주지 않고 혼자 문제를 풀게 하였다. 병찬이 혼자서 문제를 오랫동안 풀고 있는 숨막히는 시간들은 나의 인내심을 시험하고 있었다. 만약 이런 기본 문제를 모른다면 다시 학년을 낮추어 공부해야 할 것이다. 그때 좋은 생각이 떠올랐다. $160 \div 80$을 풀어 보도록 한 것이다. 그랬더니 병찬이는 이 두 문제를 비교하면서 드디어 정답을 알아내었다. 완전히 이해를 한 것이었다.

"그럼 그렇지, 아주 잘한다. 그러면 몇 문제만 더하고 쉬어라." 하고 다시 응용 문제를 몇 개 더 내었더니 쉽게 풀어냈다. 드디어 기본 문제의 원리를 이해한 것이다. 사실 그렇게 쉬운 기본 원리까지 모르면 어떻게 하나 걱정하였는데, 병찬이는 이 두 문제를 비교하면서 자신이 자만하고 깊이 생각하지 않고 문제를 풀었다는 것에 반성하는 것 같았다.

공부할 때의 다섯 가지 기본 생활 태도 - 8월 3일

병찬이가 공부방 아이들과 친해지면서 긴장이 조금 풀어지는 것 같아 오늘은 운동장에서 마음껏 뛰어 놀도록 하였다. 점심을 먹고 운동장에서 계속 놀게 하였다. 축구를 하기도 하고 자전거를 타기도 하였다. 밤중까지 놀았다. 그 다음 날은 '어머니 저도 해냈어요'라는 책을 읽게 하였다. 병찬이는 열심히 하는 그 책 속의 주인공에게 감동을 받았다. 며칠 동안 주인공에 관한 이야기를 나누기도 하였다. 어려움을 모르는 요즈음의 아이들이 이해하기는 어려운 책이었다. 그렇게 이틀을 보내고 공부에 관한 말을 전혀 하지 않았다. 그런데 병찬이가 먼저 "공부하면 안 되나요?"라고 하는 것이었다. 충분한 휴식 후에 공부를 다시 시작하였는데, 병찬이가 한자리에 오랫동안 앉아 있지 못하는 것이었다. 공부를 잠시 하다가 물 마시러 가고, 몇 문제 풀다가 화장실에 가곤 하였다. 그래서 비록 초등학생이지만 참고 인내할 수 있도록 병찬이와 의논해서 다음 사항을 책상 위에 붙여 놓고 지키도록 약속하였다.

1. 한번 자리에 앉으면 이동하지 않는다.

　　- 미국 아이들은 어릴 때부터 식당이든 졸업식장이든 한번 자리에 앉으면 자리를 이동하지 않는다. 어릴 때부터 산만하게 행동하지 못하도록 가르치며, 어

른에게 방해가 되지 않도록 지도하여 그 아이가 다시는 그런 행동을 하지 못하도록 한다.

2. 먼저 교과서 중심으로 공부하고 사전을 이용하여 찾아보고 생각하여야 한다.

3. 풀리지 않는 문제는 생각하고 또 생각하여 그 문제를 풀 수 있도록 노력해야 한다.

4. 집중해야 한다.

5. 공부방에서는 공부 시간과 쉬는 시간을 지켜야 한다.

외국 아이들 – 8월 3일

서양 사람들은 일과 잠자는 것과 노는 것을 각각 8시간씩 배당한다고 한다. 8시간 일하고, 8시간 자고, 8시간 노는 것을 지키고 있는 것이다. 중학생까지는 반드시 밤 9시에 잠자리에 들며, 보통 고등학생들은 밤 10시에서 11시 사이에 잠자리에 든다고 하였다. 그들은 신체가 자라는 소년기의 충분한 잠은 후일 건강한 체력 형성의 밑바탕이 된다고 생각하고 있었다. 그리고 다음 날 건강한 생활을 할 수 있도록 하기 위함이라고 하였다.

내가 미국과 호주에 연수를 갔을 때, 수업 시간에 참관한 적이 있었는데, 조는 학생을 단 한 명도 볼 수 없었다. 그 학교는 전교생이 2,300명이나 되었는데, 그중 수업 시간에 조는 학생이 한 명도 없어서 우리나라 수업 상황과 비교가 되었다. 그래서 중학교 2학년인 학생에게 어젯밤에 몇 시에 잤느냐고 물었더니 "9시."라고 대답하였다. 만약 잠이 오지 않으면 어떻게 하는지 다시 물었더니 잠이 오지 않아도 어머니가 "Go to bed!"하면 무조건 자야 한다고 말하는 것이 아닌가! 이곳의 아이들이 부모님 말씀과 선생님 말씀에 복종한다는 것을 알 수 있었다.

나는 이 현상이 비단 이 아이 혼자만의 일인지 알아보기 위해 다른 아이들에게도 물어보았다. 그랬더니 그 아이뿐만 아니라 다른 아이들이 모두 그렇게 생활하고 있었다. 이것이 가능한 이유는, 이곳 부모들은 아이가 태어나면 아이가 좋은 습관을 갖도록 하기 위해 많은 노력을 하기 때문이라고 한다. '운다고 젖 주는 것이 아니라 울어도 젖 먹을 시간까지 기다려야 한다.'고 가르치고, 만약 따르지 않으면 교육을 시킨다는 것이었다.

또 다른 가정에서는 이런 일이 있었다. 한 아이가 부모의 허락을 받지 않고 친구를 따라 캠핑을 갔다. 그 아이의 부모는 그 사실을 이미 알고 있었기 때문에 걱정을 하지 않았지만 아이가 돌아오자 부모의 명령을 어겼다며 벌을 주었다. 아이도 자신이 규칙을 어겼기 때문에 당연히 벌을 받을 것이라고 생각하고 있었고, 벌의 내용도 알고 있었다. 벌은 일주일 동안 자기 방에서 외출 금지였다.

그리고 아이 방 안에 있는 소지품을 모두 방 밖으로 내어놓고 방 안에는 백과사전과 책 한 권, 필기도구만 넣어 주는 것이었다. 부모는 아이에게 책 한 권에 있는 모르는 단어를 백과사전(부모님이 학생 때 사용하던 사전임)에서 찾아 노트에 쓰게 하였다. 이런 일이 반복되면 아이는 자연스럽게 어휘 실력이 늘어난다고 하였다.

그런데 우리의 모습은 어떤가? 대부분 정해진 규칙이 없기 때문에 아이들이 잘못했을 때 어른의 기분에 따라 꾸중과 질책이 다르게 나타나는 경우가 많다. 그래서 우리나라 아이들은 잘못을 저질렀을 때 어떤 벌을 받게 될지 상상할 수가 없게 되어 불안할 따름이다.

식사 예절 - 8월 4일

병찬이와 함께 아침 식사를 하기로 계획한 날이다. 오늘 아침 식사 메뉴는 밥, 돈가스, 김치, 나물, 계란국, 바나나, 야채샐러드였다. 오늘은 '왕자놀이'를 통하여 병찬이에게 젓가락질을 제대로 가르칠 계획을 가지고 있었다. 지난번 병찬이가 도시락을 먹을 때, 젓가락질을 제대로 하지 못하는 것을 봤기 때문이다.

병찬이를 식탁에 반듯이 앉게 한 후 말했다.

"왕의 아들을 할 터이냐, 평민을 할 터이냐?"

"나는 네가 왕의 아들이면 좋겠다. 그렇게 할 터이냐?"

"왕의 아들을 선택하겠습니다."

"이제 너는 왕자이기 때문에 다른 아이들과는 다르게 행동해야 한다."

"너는 누구냐?"

"저는 왕자입니다."

병찬이와 나는 점점 왕자놀이에 빠져들었다.

"왕자님은 젓가락을 바르게 사용해야 합니다. 만약 왕자님이 젓가락을 바르게 잡지 않으면 평민들이 흉을 볼지도 모릅니다. 모든 평민은 왕자님이 어떻게 행동하시는지 다 보고 있습니다. 그리고 일본과 중국은 주로 나무젓가락을 사용합니다."

하고 다른 나라 이야기도 하였다. 그리고 다시 말을 이어갔다.

"우리나라는 주로 쇠젓가락을 사용하는데 나무젓가락보다 쇠젓가락이 사용하기가 어렵습니다. 우리나라 사람들이 이렇게 쇠젓가락을 사용하기 때문에 두뇌가 명석하다는 말이 있습니다.

왕자님은 글로벌 시대에 살고 있습니다. 왕자님이 외국으로 유학을 갈 수도 있고, 외국 학생들이 한국으로 유학을 올 수도 있습니다. 어떤 경우이든 외국 친구를 사귈 수 있는 기회가 많을 겁니다. 이때 한국에 관심이 많은 친구들은 우리나라 사람들이 젓가락

젓가락질을 배우는 병찬이

을 사용하여 음식을 먹는다는 것을 알고 있으므로 젓가락 사용법에 대하여 물어볼 것입니다. 그러면 왕자님은 정확한 젓가락 사용법을 알려 주어야 할 것입니다. 지금 당장은 어렵겠지만 왕자님은 반드시 정확하게 젓가락질을 하셔야 합니다. 이것은 식사의 기본이기 때문입니다.

우선 젓가락 하나를 엄지손가락 아래의 안쪽에 그리고 네 번째 손가락 위에 바르게 놓고 엄지손가락 안쪽 부분으로 살짝 눌러 주시기 바랍니다. 그리고 다른 젓가락 하나는 엄지 아래에서 검지가 가까운 쪽과 세 번째 손가락 위에 놓고(이것은 마치 연필을 잡는 것처럼) 엄지손가락으로 눌러 주면서 뒤에 놓은 젓가락을 움직여 처음 젓가락의 끝과 맞추면 음식을 집을 수 있습니다.

우선 오늘 반찬인 옥수수 한 알부터 집어 보시기 바랍니다. 오늘 당장 젓가락을 바르게 사용하는 것은 어려우나 내일은 보다 쉬울 것이며 모레는 더욱 쉬울 것입니다."

그리고 식사를 하게 하였다. 그런데 큰 돈가스를 입으로 한입 베어 물고 접시에 그대로 떨어뜨리는 것이었다. 왕자님은 돈가스를 빨리 먹고 싶었기 때문에 실수를 하였다. 그래서 나는 오른손에 칼, 왼손에 포크를 쥐게 하고 "칼로 돈가스를 한입 정도의 크기로 잘라 놓은 후 포크를 사용하여 입 안에 넣고 아랫입술과 윗입술을 붙여서 음식을 씹으면 우아한 식사를 하게 됩니다."라고 가르쳤다.

왕자놀이는 계속되었다.

"또 음식을 먹을 때는 입이 음식 쪽으로 가서는 안 되고, 음식이 입으로 와야 합니다. 밥도 한 숟가락에 담긴 밥의 양이 너무 많으면 안 되고, 숟가락 크기에 적당히 담아서 드셔야 합니다. 그리고 음식을 드시면서 그릇 주변에 음식물이 흘렀는지 보셔야 합니다. 음식은 위의 약 80%만 드셔야 합니다. 건강을 생각하셔야 하기 때문입니다. 위를 가득 채우면 위가 부담을 느껴 불편해집니다. 마치 몸에 꼭 맞는 딱딱한 옷을 입어 몸이 움직이기 불편한 것과 같습니다.

식사를 하면서 밥을 먹지 못하고 있는 백성들도 가끔씩 생각해 주셔야 합니다. 지금 이 순간에도 기아에 허덕이는 사람들이 지구 전체 인구의 절반이나 된다는 것을 알고 드셔야 합니다. 그리고 가져온 음식은 반드시 다 드시도록 해야 하며, 다 드신 음식의 그릇은 깨끗하게 치워야 합니다. 마지막으로 다 드시고 일어나면 의자는 제자리에 밀어 넣고 자리를 떠나시기 바랍니다."

하고 왕자님께 말씀드렸다.

젓가락이나 연필을 잡는 것은 사소한 것이지만, 우리 생활에서 기본이기 때문에 반드시 바르게 할 수 있도록 가르쳐야 한다. 어린아이일수록 이렇게 역할놀이로 가르치면 효과가 있는 경우가 많다. 그래서 일부러 병찬이와 역할놀이를 한 것이다.

대기업에서 신입사원의 선택은 면접에서 문을 열고 들어올 때 이미 결정 난다는 말이 있다. 그 정도로 기본 생활 태도가 중요하다. 공부 못하는 아이를 공부 잘하게 하는 것은 어렵지 않을 수 있으나, 잘못된 습관을 가진 아이를 좋은 습관을 가지도록 만드는 것은 어렵지만 반드시 고쳐 주는 것이 좋다.

병찬이의 기아 체험 작전 - 8월 5일

오늘은 6학년 2학기 수학 중에서 도형 부분을 학습하였다. 개념 중심으로 공부를 시켰더니 문제를 쉽게 풀었다. 한 문제도 실수 없이 정답을 말하였다. 나는 병찬이에게 물었다.

"왜 너는 전에 과외까지 하였는데도 수학을 못했노? 지금 보니 아주 잘하는데."

"이때까지는 죽도록 문제만 풀었습니다. 문제를 많이 풀면 풀이 과정에서 원리와 개념이 나온다고 했습니다. 그런데 이곳에서는 개념을 먼저 알고 공식을 만들어 가며 문제풀이를 하기 때문에 문제를 푸는 데 아무런 어려움이 없는 것 같습니다."

"그럼, 왜 이때까지 열심히 했는데 높은 점수를 받지 못했노?"

"쉬운 문제를 많이 틀려서 그랬습니다."

"왜 쉬운 문제를 틀렸을까?"

"자만심 땜에 방심한 것 같습니더. 그런데 선생님께서 말씀해 주신 대로 문제풀이를 하고 난 뒤 반드시 검산을 하니까 더 이상 실수를 하지 않는 것 같습니더."

어느 합기도 시합에서 어떤 친구가 자신의 실력만 믿고 경기에 임하였다. 그러다가 불의의 일격을 당하고 결국 우승을 놓치고 말았다고 병찬이가 이야기하였다. 자만은 반드시 실패를 가져온다는 것을 병찬이도 잘 알고 있는 듯하였다.

나는 병찬이에게 앞으로 쉬운 것도 차근차근 주의하면서 풀면 좋은 결과를 얻을 수 있을 거라고 격려했다. 나는 가끔씩 시간이 나면 병찬이를 데리고 다른 대화를 한다. 오늘은 병찬이가 읽은 책 중에서 위인전과 그 외 몇 권에 대하여 토론을 하였다.

"이 책을 읽고 어떤 느낌이 들었노?"

"감동적이었습니더."

"어떤 부분이 너에게 감동을 줬는데?"

"어려운 환경 속에서도 용기 있게 행동했던 그 명장이 존경스럽습니더. 그리고 공부를 하려면 주의가 산만하지 않게 방의 벽지를 검은색으로 하는 게 좋다는 것도 알았고, 또 그렇게 하면 잠을 깊이 자게 되어 피로를 쉽게 풀 수도 있다는 것도 알았습니더. 그리고 음식을 먹을 때는 적당히 먹고 그 대신 고단백을 먹어야 한다는 것도 알았습니더."

이게 웬일인가! 마침 요 며칠 동안 병찬이의 넘치는 식욕을 어떻게 줄이나 걱정하고 있던 중이었는데, 병찬이가 스스로 그 이야기를 하고 있지 않는가! 나는 이 기회를 놓치지 않고 말을 이어 갔다.

"그러면 밥을 많이 먹으면 어떤 점이 나쁠까?"

"잠이 많이 오고 화장실을 자주 갑니다. 또 건강에도 좋지 않을 것 같습니다."

"그래, 그뿐만 아니라 성인병이 걱정되고 건강이 나빠질 수 있고, 살이 찌지. 몸이 둔해지고 움직이기 싫어지고. 다른 사람의 놀림감이 돼."

"맞아요, 저에게 아이들이 피그(Pig)라고 부릅니다. 제가 정리정돈을 잘한다고 크린피그(깨끗한 돼지)라고 불러예."

"대학의 면접 시험에서 자기 관리에 대하여 묻는 경우도 있다. 원래 몸이 뚱뚱하던 사람이 몸무게를 줄였다면 이는 대단한 일이기 때문에(식욕을 억제하는 것이 힘들기 때문에) 자기 관리를 잘하였다고 생각해서 가산점을 줄 수도 있다. 또 몸무게를 줄이는 데 성공한다면 성적은 저절로 올라갈 수 있다. 왜냐하면 가장 어렵다고 생각되는 식욕을 참고 견뎌 냈기 때문에 자신감을 얻을 수 있거든. 참, 너 오늘 영인이네랑 함께 저녁밥을 먹지 않겠다고 했는데 참을 자신 있나?"

"예, 자신 있습니다."

사실 지난번 내가 영인이 어머니께 한두 끼 식사를 하지 않는 계획을 세워 보라고 한 적이 있었는데, 오늘이 바로 영인이 어머니가 그것을 실제로 한번 실행해 보겠다고 한 날이다. 이에 병찬이도 동참하기로 한 것이다. 과연 성공할 수 있을까?

드디어 병찬이가 저녁 식사 한 끼를 먹지 않았다. 병찬이가 영인이네와 함께 기아 체험에 성공한 셈이었다. 그처럼 힘들었던 적이 없어 보였다. 힘이 하나도 없고 어지럽고 오로지 먹고 싶은 생각밖에 없어 보였다. 그러나 병찬이는 다이어트를 하고 자신도 이겨 보겠다는 생각으로 견뎌 내고 있었다. 나는 또 병찬이에게 질문을 던졌다.

"너는 왜 다이어트를 할라고 하노?"

"가족이 놀리고 또 공부에 집중이 되지 않습니더. 자기자신을 이기기 위해섭니더."

"집을 떠나오고 나서 집중력이 좀 키워졌나?"

"전에는 한자리에 앉아서 40분 이상을 있지 못하였는데 지금은 80분 정도는 충분히 앉아 있을 수 있습니더."

한 끼의 식사지만 초등학생이 식사를 하지 않고 견디는 것은 대단한 일이었다. 다음엔 많은 음식을 먹지 않도록 음식의 양을 조절할 수 있게 해야겠다. 조금씩 먹는 것이 좋지만 한번 시작하면 적게 먹는 것이 어렵기 때문이었다. 영인이와 병찬이는 식사를 하지 않으면서 밥을 먹지 못하는 어려운 사람들을 많이 생각하게 되었다고 하였다.

병찬이가 드디어 1등을 하다

**기본 개념과 원리
– 8월 8일**

아이 교육 때문에 초등학교 6학년짜리 아들과 떨어져 있는 부모 마음은 어떨까?

드디어 토요일이 되자 병찬이 어머니께서 부산에서 한걸음에 달려오셨다. 나는 어머니께 그동안 병찬이가 공부하였던 내용과 생활을 말씀드렸다.

세상에는 많은 공부 방법이 있다. 그 많은 공부 방법 중에서 자기가 알고 있는 내용을 남에게 발표하고 질문을 받는 공부 방법이 가장 효과가 있는 학습 방법이라고 생각한다. 전교 1등을 한 영인이도 공부를 할 때 남에게 발표하고 질문을 받기 위해 공부하다 보면, 혼자 공부하는 것보다 훨씬 깊이 있게 이해하고 생각하면서 공부하게 된다고 하였다.

이 방법은 비록 느린 것 같지만 공부한 내용을 완전히 자기 것으로 이해하므로 잊어버리지 않는다.

어느 날, 공부방의 아이들이 각자 다른 사람 앞에서 발표를 하는 계획을 갖게 되었다. 병찬이는 과학의 '쾌적한 환경'에 대하여 발표를 하였다. 사진까지 보여 주며 설명하는 것이 마치 고등학생이 프레젠테이션을 하는 것 같았다. 다른 사람 앞에서 발표한다는 것은 담력을 키우는 가장 좋은 방법으로 우리나라 학생들에게는 특별히 좋은 공부 방법이라고 생각한다.

병찬이가 발표한 후 수학의 기초 부분인 나눗셈에 대하여 공부를 하게 하였다. 문제에 대한 답보다 식에 대한 설명을 해 보라고 하였다. 그런데 나눗셈이라는 개념을 제대로 이해하지 못하고 있었다.

다음은 병찬이가 나눗셈에 대하여 설명한 내용이다.

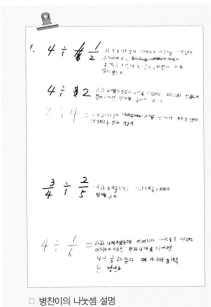

□ 병찬이의 나눗셈 설명

1. $4 \div \frac{1}{2}$에 대하여 설명하여라.
 : 사과 4개가 있다. 어머니께서 사과를 사 오셨다. 총 개수는 x인데 $4 \div \frac{1}{2}$ 한 수와 같다. x는 얼마이겠는가?
2. $4 \div 2$에 대하여 설명하여라.
 : 사과 4개가 있었다. 2개를 먹었는데, 먹은 수와 처음 수가 같아지려면 몇 배를 곱해야겠는가?
3. $2 \div 4$에 대하여 설명하여라.
 : 사과 2개가 있다. 2개를 합쳐서 4조각을 냈다 1조각의 수는 얼마이겠는가?
4. $\frac{3}{4} \div \frac{2}{5}$에 대하여 설명하여라.
 : 사과 4개 중 3개는 사과 5개 중 2개보다 몇 배로 큰가?
5. $4 \div \frac{1}{6}$은 무엇을 의미하는가?
 : 사과 4개가 있는데, 어머니께서 사과를 또 사 오셨다. 어머니께서 사 오신 것과 4개를 더하면 $4 \div \frac{1}{6}$과 같다.

공부방에 있는 다른 중학생들에게도 나눗셈의 개념을 아는지 병찬이에게 준 문제를 설명하도록 하였다. 그 아이들 역시 문제는 잘 풀었지만 나눗셈의 개념은 잘 모르고 있었다. 아이들은 초등학교 3학년 때 이미 나눗셈을 배웠지만 개념 위주로 공부하지 않기 때문이었다. 나는 나눗셈의 개념을 설명해 주는 대신 다시 곱셈의 개념을 물어보았다. 그랬더니 곱셈의 개념에 대해서는 어느 정도 알고 있었다. 아마도 곱셈은 구구단을 배우면서 교사가 "한 주머니에 사과 5개가 있는데, 주머니가 3개 있다면 사과는 모두 몇 개일까?" 하는 식으로 가르쳤기 때문이었으리라.

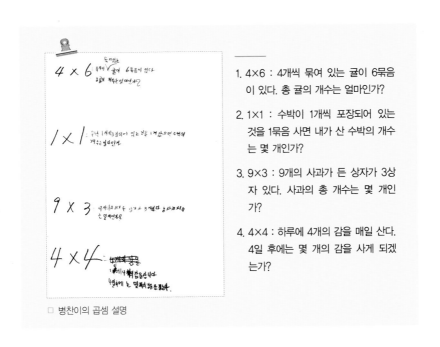

□ 병찬이의 곱셈 설명

1. 4×6 : 4개씩 묶여 있는 귤이 6묶음이 있다. 총 귤의 개수는 얼마인가?

2. 1×1 : 수박이 1개씩 포장되어 있는 것을 1묶음 사면 내가 산 수박의 개수는 몇 개인가?

3. 9×3 : 9개의 사과가 든 상자가 3상자 있다. 사과의 총 개수는 몇 개인가?

4. 4×4 : 하루에 4개의 감을 매일 산다. 4일 후에는 몇 개의 감을 사게 되겠는가?

그런 다음, 공부방 아이들 중 학교 내신이 아주 우수하고 수학 성적이 좋고 어려운 문제도 곧잘 푼다는 중학교 1학년 우송이에게 질문을 던졌다.

"초등학교 4학년에게 설명해 준다고 생각하고 다음의 식이 무엇을 뜻하는지 쉽게 풀어서 써 봐라!"

그러자 우송이는 다음과 같이 답하였다.

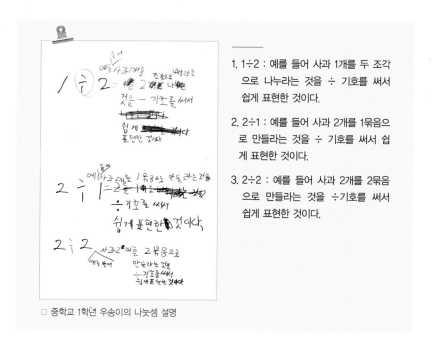

1. 1÷2 : 예를 들어 사과 1개를 두 조각으로 나누라는 것을 ÷ 기호를 써서 쉽게 표현한 것이다.

2. 2÷1 : 예를 들어 사과 2개를 1묶음으로 만들라는 것을 ÷ 기호를 써서 쉽게 표현한 것이다.

3. 2÷2 : 예를 들어 사과 2개를 2묶음으로 만들라는 것을 ÷기호를 써서 쉽게 표현한 것이다.

□ 중학교 1학년 우송이의 나눗셈 설명

중학교 1학년도 초등학교 6학년과 마찬가지로 곱셈은 이해하고 있으나 나눗셈의 개념에 대하여는 이해하지 못하고 있었다. 그런데도 문제를 풀어 보라고 하면 정확하게 정답을 써 내었다. 나눗셈을 쉽게 설명하지 못하는 아이들에게 다음과 같이 천천히 설명하였다.

"나눗셈에서 6÷3의 경우, 사과 6개가 있을 때, 사과가 3개씩 들어가는 바구니 몇 개를 가져오면 6개를 다 넣을 수 있을까? $6 ÷ \frac{1}{2}$의 경우, 사과 6개를 사과가 $\frac{1}{2}$개씩 들어가는 통에 넣는다면 통이 몇 개가 있어야 할까?"

라고 말하니 아이들은 어느 정도 이해하였으나 완벽하게 이해하지는 못하였다. 사실 아이들은 정답을 만들어 내는 데 훈련이 되어 버렸기 때문에 문제를 생각하고 원리를 쉽게 이해하지 못하였다. 하지만 차츰 시간이 흐르고 아이들은 이해가 되었다는 뜻으로 손뼉을 쳤다.

내가 이렇게 아이들을 가르치는 것에 대해 어떤 부모들은 답답하게 왜 그러는지, 그냥 곱셈과 나눗셈의 문제만 풀면 되지 않느냐고 반문할 수도 있을 것이다. 그러나 그렇게 문제만 푼다면 완전한 지식이 되지 않는다. 여기서 잠깐 독일의 수업 방법을 이야기하고 넘어가지 않을 수 없다.

나의 조카 다일이는 독일에서 초등학교부터 대학까지 다녔다. 다일이가 초등학교 4학년이었을 무렵 우리 집에 놀러온 적이 있었다. 공부법에 관심이 많던 나는 당연히 다일이에게 학교에서 어떻게 공부하고 있는지 물었다. 그러자 다일이는 금세 따분하다는 듯한 표정으로 바뀌며 투덜거리기 시작했다.

"독일 애들은 참 바보예요. 따분하게 3개월 동안 1에 대해서만 배워요. 2, 3도 마찬가지예요."

1부터 9까지 배우는 데에만 1년이 걸렸다고 하였다.

나는 의기양양해 하는 다일이가 충분히 이해되었다. 다일이는 독일로 가기 전, 이미 숫자와 한글을 다 익혔을 뿐만 아니라 두 자리 수의 더하기와 빼기도 할 줄 알았기 때문이다. 당연히 다른 아이들보다 실력이 월등히 앞섰으니 독일의 학교에 다니는 것이 시시했을 것이다.

그러나 요즘 나는 많은 생각을 하게 된다. 오랜 세월이 흐른 지금, 독일의 바보 같았던 친구는 유명한 대학에서 수학을 전공하여 유능한 인재로 손꼽히고 있었고, 그보다 훨씬 진도를 앞서 나갔던 다일이는 지금 많이 뒤떨어져 있기 때문이다. 도대체 뭐가 문제였을까?

산악인 엄홍길 씨는 에베레스트 산의 정상을 올라가기 위해 한 발짝 떼어 놓는 데 1분이 걸린다고 하였다. '그렇게 해서 언제 정상까지 올라가나?'라고 생각하는 사람이 있을 것이다. 그러나 그는 이렇게 아주 천천히 발 밑의 상태를 살펴 가면서 앞으로 나아가지 않으면 정상에 오르지 못하고 오히려 중간에 실패할 가능성이 높다고 이야기한다. 이 말은 빨리빨리 문화에 익숙해 있는 우리에게 많은 것을 시사해 준다. 무엇보다 우리의 공부 방식에 바로 적용해 볼 수 있다.

오늘날 우리 주변의 학생들을 보면 본문의 개념이나 원리를 상세히 배우기보다 문제를 많이 푸는 데 익숙해져 있다. 나는 가끔 대학 때 지도 교수님께서 하신 말씀이 생각난다.

"경험이 많은 선생은 '점' 하나만큼 아이에게 가르쳐 준다. 그리고 아이 스스로 생각하고 또 생각하게 하여 원리를 알아내고, 그래서 아무리 처음 보는 어려운 문제를 만나더라도 자기가 생각하여 그 문제를 해결할 수 있는 능력을 가지게 만든다. 우리 모두 아이들에게 이런 선생이 되어야 한다."

뭔가를 만들어 보라
(Make something)
– 8월 10일

이번에는 병찬이에게 6학년 수학 도형 단원을 잘 이해시키기 위해 원뿔과 원통을 만들어 보라고 모눈종이를 사 주었다. 그런데 원뿔을 만들지 못하였다. 우선 전개도를

미국을 방문했을 때 초등학교 5학년생이 〈Time Cat〉이라는 책을 읽고 난 후
그린 그림과 만든 작품을 설명하는 모습

그리지 못하였다. 그래서 병찬이와
함께 원뿔을 연구하였다.

먼저 모눈종이에 원뿔의 전개도
를 작도하였다. 그 과정에서 병찬
이는 반지름의 3.14배가 반원주(원
둘레 길이의 반)가 되고, 지름의 3.14
배가 원주(원 둘레의 길이)가 된다는

미국 영재 학급을 방문했을 때 초등학교 5학년생이
자기가 책을 읽고 만든 작품과 그림을 설명하고 있다.

사실을 발견하고 매우 신기하게 생각하였다. 병찬이는 컴퍼스와 자로 전
개도를 그려 가면서 실제로 지름과 원주를 재어 보았다. 병찬이는 원뿔과
원기둥 모형을 만들고 난 후, 그냥 보는 것과 차이가 있음을 알았다. 원뿔
그림을 볼 때는 '그냥 하면 되겠지.' 하였는데 실제로 전개도를 그리는 것
은 쉽지 않다는 것을 알게 되었다.

갑자기 미국 영재 학교에서 교사가 학생들을 지도하던 생각이 난다. 미국에서는 학습 지도의 모든 것이 Make something이었다. 마침 내가 방문하였던 교실에서도 학생들이 무엇인가를 만들고 있었다. 학습 내용에 화산이 나오면 화산 모형을 직접 만들고, 지진이 나오면 지진 모습을 찾아 그리면서 공부하였다. 책을 읽고 난 후 그리고(Drawing), 만드는 것(Making)은 기본이었다.

이러한 교육 방법은 호주를 방문하였을 때도 마찬가지였다. 입체는 3차원이다. 어릴 때부터 블록을 쌓는 놀이를 하는 것이나 어떤 물체를 만들어 보는 것은 3차원의 모형을 이해하는 것이다.

우리나라 학생들이 고등학교 화학 수업에서 염화나트륨의 구조를 이해하는 것을 어려워 하는 것은 3차원 모형을 이해하지 못하기 때문이다. 많은 물체를 만들어 보면 2차원과 3차원을 쉽게 넘나들 수 있는 생각을 가질 수 있게 된다. 그래서 병찬이도 초등학교 도형 단원부터 잘 이해시켜야겠다고 생각하였다. 병찬이는 원기둥, 원뿔, 육면체, 사면체 구조의 2차원을 3차원으로 만들고, 다시 3차원(입체도)을 2차원(전개도)으로 만드는 학습을 하였다. 그렇게 하면 고등학교에서 배우는 기하나 여러 가지 도형 문제는 어려워하지 않게 될 것이다.

공부방의 수호천사, 영인이 어머니 – 8월 11일

오늘은 6학년 2학기 수학의 새 단원인 '소수와 나눗셈'을 공부하는 날이다. 아직 병찬이가 한 번도 배우지 않은 단원이다. 하지만 나는 아무것도 가르쳐 주지 않았다. 오로지 혼자 공부하고 연구하게 했다. 이때는 영인이 어머니께서 훌륭한 선생님 역할을 하신다. 영인이 어머니께서 자기 아이 때문에 강원도에서 이곳으로 오셨지만, 이제는 우리 공부방의 선생님이 되어 아이들에게 도우미 역할을 하고 계신다.

"왜 어머니를 항상 옆에 있게 하는가? 아이들 숨 막히게."라고 질문하는 사람이 혹시 있지 않을까 싶다. 그러나 아이들끼리만 있으면 이야기하고 장난치고 떠든다. 그래서 나는 영인이 어머니뿐만 아니라 다른 어머니들께도 아이들끼리만 있게 하지 말고 함께 계셔야 한다고 말씀드린다. 공부방이나 독서실에 아이를 보낸 어떤 부모들은 공부방에서 당연히 공부한다고 생각하고 마음을 놓는 분들이 많다. 우리 공부방은 언제나 공부방을 지켜 주는 영인이 어머니께서 계시기 때문에 공부방 아이들에게 큰 도움이 되고 있다. 나는 나의 일 때문에 지속적으로 관리할 수가 없다.

병찬이는 새로운 수학 단원의 본문을 스스로 읽고 연구하기 시작하였다. 도저히 이해가 되지 않거나 오랫동안 생각해도 모르는 문제가 생기면 영인이 어머니께서 힌트를 주시곤 한다. 그런 후 다시 혼자 생각하게 하여 끝까지 답을 얻게 한다.

기다리고 칭찬해야 한다
− 8월 12일

오늘은 본문을 공부한 후 수학 문제를 풀이해 보는 날이다. 병찬이에게 문제를 내어 주고 풀도록 기다렸다. 예상대로 시간이 많이 걸렸다. 이윽고 병찬이가 문제를 다 풀었다고 하였다. 문제풀이를 보니, 응용 문제는 틀리지 않고 잘 풀었다. 한 번도 가르쳐 주지 않은 새 단원인데도 혼자서 응용 문제까지 푼 것이 대견하였다.

"우와! 대단하다. 어떻게 이렇게 침착하게 잘 풀지? 정말 잘 풀었다. 너 같은 아이는 첨 본다. 어떻게 배우지도 않은 문제를 안 틀리고 풀 수가 있지? 부산에 있는 어머니와 아버지께 자랑해도 되겠다."

하고 나는 내가 할 수 있는 온갖 미사여구(美辭麗句)를 써서 병찬이를 칭찬했다. 병찬이는 한층 고무되는 표정이었다.

"이제 병찬이는 자리에 앉아 공부할 때 오랫동안 앉아 있는 습관만 길들이면 되겠다. 우리 과학고등학교 학생들도 오랫동안 앉아 있는 학생들이 성공하더라! 내일부터 한번 실천해 볼래?"

그랬더니 병찬이가 "네." 하고 우렁차게 대답한다.

"그리고 그동안 책 읽고 독후감 쓴 게 벌써 다섯 권이나 되었네. 진짜 기분 좋겠다!"

내가 이렇게 병찬이에게 칭찬을 듬뿍 해 대자 병찬이의 손가락은 어느새 핸드폰 버튼을 누르기 시작한다. 부산의 어머니께 자랑하기 위해서다. 어머니께서 전화를 받자 병찬이는 어머니께 자랑을 하며 기분이 하늘을 날아갈 것 같다고 한다. 병찬이는 마치 그동안 힘들었던 것이 기쁨으로 바뀌고 있는 모습이었다.

내가 병찬이에게 자주 칭찬해 주는 것은 다 이유가 있다. 칭찬이야말로 자신감과 용기를 길러 주고 잘못된 인성을 바로잡아 주는 최고의 명약이기 때문이다. 병찬이의 실력이 나날이 좋아졌던 뿌리에는 칭찬이라는 마중물을 주었기 때문에 가능했던 것이다.

반드시 휴식해야 한다
– 8월 12일

오늘은 아침부터 병찬이가 피로한 기색이 보였다. 초등학교 6학년인 병찬이는 그동안 공부방의 다른 형이나 누나들 스케줄에 맞춘다고 초등학생 공부 시간보다 많은 양의 시간을 공부하였다. 그래서 나는 오늘은 병찬이에게 휴식을 취하도록 하였다.

공부를 하다 보면 잠이 부족하다 싶을 때가 있다. 이때에는 푹 자는 것이 무리하게 공부하는 것보다 훨씬 효과적이다. 예를 들어, 수학 공부를 할 때도 하루에 조금씩 하다가 주말의 어느 시점에서는 하루 종일 수학 문제를 풀어야 한 단계 뛰어오를 수 있다고 과학고등학교 학생들은 말한다.

이렇게 오전에 휴식을 취하고 오후에 병찬이가 왔다. 휴식을 충분히 취한 병찬이는 활기가 넘쳤다. 오후에 병찬이는 공부를 열심히 하는가 싶더니 자리에 오래 앉아 있지 못하고 4번이나 복도를 왔다 갔다 하였다. 다른 것은 서서히 나아지고 있는 것 같은데, 한자리에 오랫동안 앉아 있는 것에 쉽게 적응하지 못하였다.

한자리에 오랫동안 앉아 있는 습관을 기르는 것은 아이들이 공부나 독서를 하기 위한 기본적인 태도이다. 처음에는 무슨 공부를 하는지 혹은 읽는 책의 내용을 알고 있는지 하는 관찰보다 책상 앞에 오랫동안 앉아 있는 습관을 들이는 것이 중요하다. 아이들에게 책을 읽게 하기 위해 가장 먼저 해야 할 일은 아이가 장시간 의자에 앉아 있도록 훈련하는 것이다. 한번 자리에 앉으면 그대로 책에 빠져 독서를 하는 습관을 길러야 한다. 공부를 하는 것도 습관이고, 이리저리 돌아다니는 것도 습관이고, 자리에 꾸준히 앉아 있는 것도 습관이다. 아이의 습관을 바꾸는 데에는 부모만큼 좋은 스승이 없다. 계속 지켜보아야 한다. 100일이면 가능하다. 100일 동안 아이를 위해 노력한다면 좋은 습관을 가지게 될 것이다. 어릴 때 좋은 습관을 기르면 아이는 몇 년 뒤 훌륭한 인재가 될 수 있다.

자리를 옮겨 다니는 아이의 버릇을 바로잡는 방법

미국을 방문하였을 때의 일이다. 어느 학교의 졸업식에 참석하였는데, 4살쯤 되어 보이는 여자아이가 내 옆자리에 앉았다. 어찌나 귀여운지 손짓으로 가까이 오라고 했더니 아이가 자기 뒤에 있는 엄마와 아빠 때문에 안 된다는 표시를 해 왔다. 나중에 알고 보니 이곳 부모들은 어릴 때부터 처음 앉은 자리에서 자리를 이동할 수 없도록 하며, 만약 떠들거나 자리를 옮기면 아이에게 벌을 준다고 한다. 어릴수록 가벼운 벌도 크게 받아들이기 때문에 어릴 때 작은 벌로 아이의 행동을 바로잡는다고 하였다.

어느 날, 서울에 사는 딸이 4살 된 손녀를 데리고 집으로 놀러 왔다. 그런데 딸은 주말에 바쁜 일정이 있어 손녀를 집에 두고 서울로 가 버렸다. 그런데 손녀가 하는 행동이 눈에 거슬리기 시작했다. 밥을 먹는데 한 숟가락 먹더니 저쪽으로 뛰어다니다가 또다시 와서 밥을 한 숟가락 먹고 뛰어다닌다. 그래서 그러지 말라고 했더니 갑자기 앙 울어 버린다. 울면 다른 사람에게 방해되니까 방에 들어가 혼자 울어야 한다고 방으로 데리고 들어갔더니 더 큰 소리로 울어 댄다. 시끄러우니 방문을 닫고 혼자 울라고 하였더니 더욱 큰 소리로 울고 엄마한테 가겠다고 떼를 쓴다. 나는 애

혼자 방에 가두고 문을 닫고 나와 버렸다. 만약 딸이 있었다면 아이가 놀
랜다고 그렇게 하지 못하게 했을 것이다. 그러나 나는 아이의 버릇을 고
치기 위하여 혼자 방에 두었다. 애는 방이 떠나갈 듯 더 크게 소리를 지르
며 울어 댄다.

잠시 후, 문을 조금 열고 아이에게 물었다.

"계속 울면서 방 안에 혼자 있을래? 아니면 나와서 조용히 벽에 기대어
20까지 세어 볼래? 둘 중에 하나 골라. 너의 엄마는 지금 여기 없다."

그러자 손녀는 방에서 나오는 것을 선택했다. 나는 손녀에게 울지 말고 벽
에 붙어 서서 할머니를 따라 20까지 세도록 하였다. 벌도 주고 숫자도 세
어 보게 하였으니 일석이조의 교육을 한 셈이다. 그런 후 자리를 이동하
지 않고 손녀는 밥을 먹었다. 나는 다음부터 밥을 먹다가 자리를 옮기면
또 방에 혼자 있게 될 거다, 자리를 뜨면 안 된다 하였더니 손녀는 그 이
후 자리를 옮기는 일이 없게 되었다.

나는 이게 혹시 일시적인 현상이 아닐까 생각했는데, 그 후 가족끼리 식
당에 갔을 때 재미있는 장면을 목격하게 되었다. 밥을 먹는 중에 9살 먹은
아이가 이리저리 왔다 갔다 하니까 손녀가 나에게 귓속말로 나쁜 오빠를
보았다고 하는 것이었다. 물론 본인은 자리를 이동하지 않으면서 말이다.
한 번의 벌로 아이의 행동이 달라진 것에 나도 놀랐다. 물론 아이에 따라
약간의 차이는 있을 것이다. 하지만 아이가 예의에 어긋나는 행동을 하는
데 부모가 교정해 주지 않고 '오냐, 오냐', '아이는 원래 그렇다' 하면서
키운다면 아이가 자라고 난 후는 쉽게 바꾸기 힘들 것이다. 아이들의 어긋
난 행동은 생각보다 쉽게 고칠 수 있다. 어릴수록 교육하기는 더 쉽다.

큰 산을 보는 학습
– 8월 13일

병찬이에게 '경우의 수' 단원을 공부하게 하였다.

"왜 경우의 수를 배우는지 아니?" "우리 생활에서 경우의 수는 어떤 곳에 사용될까?"

한 번씩 반드시 물어보는 말이다. 아이들이 문제를 풀기 위해 그 문제만 생각하는 것은 나무만 보고 산을 보지 못하는 것과 같다. 산의 모양, 나무들의 종류를 보아야 어떤 종류의 나무가 필요한지, 어떻게 가꾸어야 하는지 등을 알게 될 것이다. 그렇기 때문에 문제(나무)만 풀지 않도록 하기 위하여 과목(科目, 산) 전체를 볼 수 있도록 질문해 주는 것이 필요하다.

다음은 미국에 계시는 교수님이 본교를 방문했을 때 들려준 말씀이다. 당시 미국에서는 대선이 한창 진행 중이었다. 어느 초등학교 5학년 학생이 어머니와 나눈 대화이다. 어머니와 아들은 서로 지지하는 사람이 달랐다.

"이번 대선에 어머니는 누구를 지지하십니까?"

"나는 힐러리를 지지한다."

"어머니는 힐러리 편이니 인종 차별을 하십니까?"

"그러면 너는 오바마를 좋아하니까 성 차별을 하느냐?"

하고 토론을 벌였다고 한다.

갑자기 색다른 이야기 같지만 우리도 교과서에 나오는 문제만 다룰 것이 아니라 다양한 지식을 갖기 위해 대화의 폭을 넓혀야 한다. 그래야 아이들이 큰 산을 그려 가면서 나무를 심을 수 있을 것이다. 경우의 수와 확률은 아이들이 수학 중에서도 상당히 어려워하는 부분이다. 그런데 병찬이는 그 어려운 문제를 아주 쉽게 풀었다. 오늘은 나도 병찬이가 대단해 보였다. 그런 병찬이가 오후에는 가장 기본이라 할 수 있는 더하기와 곱하기, 나누기를 틀리게 계산하는 것이 아닌가!

$\frac{1}{12} + \frac{18}{12} = \frac{18}{12}$로 답하였다. 그리고 $\frac{4}{36} = \frac{1}{12}$ 이라고 답하였다. 그러고는 "죄송합니다. 다음부터는 잘하겠습니다." 하고 먼저 선수를 쳐버린다. 보통 영재 교육을 받은 자녀를 둔 어머니들에게 특강을 하면, 잔머리를 굴리고 거짓말을 하는 아이를 어떻게 하면 좋으냐는 질문을 받을 때가 가끔 있다.

영인이와 병찬이가 비슷한 점이 있어 영인이의 경우를 소개할까 한다. 영인이가 2학년 때 학교에서 시험을 쳤는데 학원 선생님이 수학은 어떻게 되었느냐고 물었다고 한다. 그때 영인이가 두 문제만 애매하여 고민하였는데, 하나는 찍어서 맞고 한 개를 틀렸다고 말해서 한 개만 틀린 줄 알았다고 한다. 그래서 학원 선생님은 수학 시험을 잘 친 줄로만 알았다고 하였다. 그런데 영인이의 수학 점수는 60점이었다. 그리고 영인이가 이곳에 온 지 2개월이 지난 어느 날, 수학 문제를 푸는데 느긋하게 시간만 채우고 있었다. 아무리 수학 문제를 풀라고 해도 풀지 않고 시간만 보내고 있기에 영인이 어머니와 나는 영인이를 긴장시킬 그 무엇을 찾기 시작하였다.

어느 날 영인이는 병찬이와 같이 아주 쉬운 분수식을 푸는데 틀리게 답을 하였다. 다시 그 문제를 풀어 보라고 하였는데 또 틀리게 풀었다. 어머니는 화가 머리 끝까지 났다. 다시 한 번 더 풀어 보라고 했으나 다시 틀리게 풀었다.

영인이가 이곳에 처음 왔을 때 쉬운 문제를 틀리는 것처럼 병찬이도 똑같았다. 요즈음의 영인이는 더 이상 쉬운 문제를 틀리지 않는다. 그것은 수학 과목에 자신이 있고 주변에서 자기를 신뢰하고 있다는 것을 알고 있기 때문에 정신을 집중하여 풀기 때문이었다. 부모가 아이에게 못한다고 하거나 부모가 자신을 믿지 못하고 있다는 것을 알면 아이들은 쉬운 것도 틀리는 실수를 범하는 경우가 많다. 그래서 영인이가 긴장이 풀리는지 매일 관찰하고 나와 함께 의논하여 칭찬하고, 우리 과학고등학교 학생들의 좋은 공부 방법이나 습관을 이야기해 주면 거의 실수는 하지 않았다. 실수를 하지 않으니 거짓말을 할 리가 없었다.

겉으로 보기엔 평온해 보이는, 아무런 일도 일어나지 않을 것 같은 모녀의 전쟁은 계속되었다. 영인이가 오늘은 열심히 하는가 싶으면 내일이면 또 다른 생각을 하는 것처럼 보였다. 그럴 때 영인이에게 전화를 주면서 혼자 계시는 아버지께 전화를 드리라고 한다. 영인이 아버지께서는 항상 영인이가 너무 열심히 해서 몸이라도 상할까 봐 걱정된다고 하신다. 그러면 영인이는 그 말씀에 감동되어 다시 공부를 시작한다. 아픔 없이 성장할 수 없듯이 아이를 잘 키우는 것은 아기를 낳을 때보다 더 긴 시간의 고통이 있어야 한다. 그래야 아이에게 금빛 날개를 달아 주게 된다고 영인이 어머니께 말씀드렸다.

가장 중요한 것은 아이를 믿는 것이다 - 8월 16일

병찬이도 왜 쉬운 계산 문제를 틀리는지 자신도 알 길이 없다고 하였다. 병찬이 어머니는 병찬이를 데리고 맛있는 음식을 사 먹이고 산책을 하며 이런저런 이야기를 나누었다.

가장 중요한 것은 아이를 믿어 주는 것이다. 잘한다고 칭찬해야 잘 하려고 노력하며, 틀리지 않으려고 집중해서 문제를 풀게 된다는 것을 영인이를 통해서 확인하였다.

시작이 중요하다
- 8월 19일

하나의 습관을 바꾸려면 100번의 잔소리를 들어야 한다. 그것도 처음 하는 잔소리가 중요하다.

처음 잔소리를 시작할 때는 반드시 지켜야 한다는 것을 강조해야 한다. 100이라는 숫자는 의미가 있다. 아무리 어려운 책도 100번 읽으면 모르는 것이 없고, 태어난 아이도 100일이 지나면 밤과 낮을 구분하게 된다.

나는 100이라는 숫자를 좋아한다. 왜냐하면 100은 인간을 변화시킬 수 있기 때문이다. 그리고 내가 가지고 있는 탈무드 잠언집에 이런 이야기가 있다.

어쩌면 0에서 1까지의 거리가 1에서 100까지의 거리보다 길 수 있다. 사람들 중에는 1,000을 구하려고 한 나머지 1을 대수롭게 여겨 0밖에 얻지 못하는 사람이 의외로 많다.

단번에 많은 재물을 얻으려 해서는 안 된다. 1을 만드는 데는 인내력이 필요하다. 0에서 1을 만들고, 이를 소중히 여긴다면 1,000을 만들기는 생각보다 쉬울 것이다.

성공한 상인들을 보면, 모두 0에서 1을 만드는 것이 얼마나 소중한지를 알고 있는 사람들이었다. 그 결과 100, 1,000, 10,000, 100,000, ……. 그리고 무한의 부를 축적할 수도 있을 것이다.

쉬운 문제를 이해해야 한다

1을 만들기 어려운 것처럼 수학에서도 쉬운 것을 틀리지 않고 주의 깊게 문제를 풀게 하는 방법이 매우 어렵다.

"200과 $\frac{1}{2}$mL들이의 물통이 있습니다. 10과 $\frac{1}{5}$mL들이 그릇으로 몇 번을 부으면 이 물통에 물이 가득 차겠습니까?"

병찬이를 이해시키기 위해서는 상자를 직접 만들어 물을 부어 보게 하는 것이 좋을 것 같았다. 학습은 즐거워야 싫증을 내지 않기 때문에 시간이 걸려도 놀이처럼 공부를 시켰다. 그래서 위 문제보다 더 간단한 200mL들이의 통과 40mL들이 통을 먼저 만들도록 하였다. 간단한 통이었기 때문에 병찬이는 어렵지 않게 만들었다. 물을 담아 부어 보도록 하고 계산을 하도록 하였다.

풀이 과정을 쓰고 식을 써 보도록 하였다. 분수와 소수가 없는 쉬운 문제를 풀고 난 후 분수가 있는 문제를 어떻게 풀어야 할지 연구하게 하였다. 병찬이가 상자를 만들고 한 문제를 푸는 데 하루가 걸렸다. 앞으로 병찬이는 이런 종류의 문제는 자신 있게 풀이하게 될 것이다. 그리고 육각기둥과 원기둥을 만들고 겉넓이와 부피도 구해 보았다.

마지막 일주일 – 8월 20일

병찬이가 수학 문제를 풀 때 깊게 생각을 하지 않는 이유는 긴장이 풀어지면서 다시 자만심이 생겼기 때문이다. 그래서 이미 며칠 전부터 칭찬을 하지 않고 있었다. 지나친 칭찬은 자칫 자만심을 불러일으킬 수 있기 때문이다.

이제 방학도 거의 끝나가고 있다. 방학이 끝나면 병찬이는 다시 부산의 학교로 돌아가야 한다. 병찬이가 이곳에 오기 전 다른 과목은 거의 1등 수준이었지만, 수학 과목은 쉬운 문제를 잘 틀려서 전체 성적이 1등이 될 수 없었다. 그렇게 무더운 6학년 여름 방학 동안 병찬이는 생각하는 훈련을 잘 견뎌 냈기 때문에 앞으로 어떤 문제를 접하더라도 주의를 놓치지 않으리라 믿는다. 병찬이는 아직 어른이 아니고 초등학교 6학년이다.

한여름의 병찬이의 교육은 그렇게 끝이 났다.

드디어 1등을 했다는 소식이 들려오다 - 2009년 9월

병찬이가 학교로 돌아가고 나도 개학을 맞이하여 시간의 여유 없이 2학기 초를 보내고 있을 무렵, 갑자기 핸드폰이 울렸다. 전화가 온 것이 아니라 문자가 왔다. 나는 일정이 바쁜지라 나중에 확인하겠다는 생각으로 핸드폰 폴더를 덮으려 하는데 '병찬이 엄마'이길래 반가운 마음에 바로 문자를 확인하였다.

그리고 문자를 읽어 내려가던 나는 눈시울이 뜨거워졌다. 글쎄, 병찬이가 이번에 전과목 시험을 보았는데 학급에서 1등을 하였다는 것이다. 지금까지 수학 때문에 1등을 한 적이 없었는데 1등을 하였다는 것이다. 정말 반가운 소식이 아닐 수 없었다. 그동안 병찬이와 함께하였던 시간들이 생각났다. 병찬이는 자기의 단점을 알고 주의를 한 것이었다. 그리고 그 수

고와 인내의 시간들이 결국 기쁨의 결과로 다가온 것이다. 나는 당장 병찬이 어머니께 축하 전화를 드렸다. 병찬이 어머니도 울먹이는 목소리로 고맙고 감사하다는 말씀을 하셨다.

그 후로 조금 안정이 되었을 때, 병찬이에 관한 좋은 소식을 하나씩, 모두 들을 수 있었다. 그리고 두 번째 시험에서도 다시 1등을 하였다는 소식을 접하였을 때 병찬이를 걱정하던 것들을 모두 바닥에 내려놓을 수 있었다. 중·고등학생들만 있는 우리 학교와 공부방에 초등학생이어서 부족해 보였던 병찬이였다. 병찬이는 형과 누나들을 따라가기 위해 스트레스를 받았지만 훌쩍 뛰어넘는 성장을 하였음을 알았다. 그것은 병찬이가 부산으로 돌아갔을 때에도 가족들이 병찬이의 성장을 느낄 수 있었다고 한다. 병찬이 할아버지는 병찬이가 언양에서 돌아온 후로 완전히 다른 아이가 되었다며 좋아하셨다고 하였다. 그동안 병찬이가 초등학생이라는 것도 잊어버리고 형들의 수준까지 끌어올리고 싶었던 나의 욕심이 있었던 것 같아서 병찬이에게 미안한 생각이 들었다. 그렇게 지내면서 병찬이는 생활 태도나 학습 태도, 생각들이 이미 중학생과 고등학생처럼 되어 있었던 것이다.

요즘 나는 공부방 아이들과 함께 파랑아동지역센터에 봉사 활동을 간다. 얼마 전 주말에 병찬이와 보현이를 데리고 참석한 병찬이 어머니께서 병찬이가 어느 날 "어머니, 저는 솔직하게 말씀드리면 교장 선생님을 만나기 전에는 정말 몰래 놀았어요. 매일매일 공부하는 척하면서 어머니 눈치만 보며 4, 5학년을 보냈어요. 선생님께는 강한 기운이 느껴지는 것 같아요. 공부를 열심히 하게 만드는 요술쟁이 같아요. 앞으로 꼭 성공해서 교장 선생님께 받은 은혜에 보답하고 싶어요."라고 이야기했다고 한다.

그러고는 다시 말씀을 계속하셨다.

"선생님, 사람들이 인성 교육을 논할 때 항상 거짓말 같았습니다. 그 이유는 인성 교육보다 공부가 더 중요하다고 느꼈기 때문이었습니다. 그러나 선생님을 뵙고 인성 교육에 대한 확고한 신념으로 학생들을 지도하시는 것을 보고 마음속 깊이 감동을 느끼게 되었고, 인성 교육이 되면 공부가 저절로 된다는 것을 알았습니다."

천공법을 공부하는 순서

1. 학습할 단원에 있는 모르는 낱말을 국어사전으로 찾아 쓴다.

2. 그 낱말의 뜻을 읽는다.

3. 단원의 본문 내용을 처음부터 끝까지 생각하면서 천천히 읽고
   걸린 시간을 적는다.

4. 다시 개념과 원리를 생각하면서 천천히 읽고 걸린 시간을 적
   는다.

5. 개념과 원리를 생각하면서 세 번째 천천히 읽고 걸린 시간을
   적는다(생각하는 시간을 늘린다).

6. 네 번, 다섯 번을 더 천천히 읽는다.

7. 다섯 번을 읽고 나면 A4 용지에 읽은 내용을 적는다.

8. 읽은 내용을 적은 용지는 모아서 제본한다.

천공법으로 공부하다

– 지희와 그 외 아이들

공부는 아이 몫이기 때문에 아이가 공부에 재미를

느낄 수 있도록 해 주어야 한다.

공부를 하게 할 때 가장 중요한 것은 모든 사물에 의문을 품게 함으로써

진정 아이의 생각을 키우는 것이다.

답을 생각하게 하는 것은 생각을 키우는 것이다.

지희와의 만남

:

이제, '지희'라는 중학교 2학년 여학생과의 만남을 이야기하려고 한다. 지희는 앞에서 소개한 영인이, 병찬이와는 달리 순수하게 이 지역에 살고 있는 아이였다. 나는 지희가 변해 가는 모습을 통해 내가 세상에 알리고자 하는 천공법을 좀 더 구체적으로 이야기하고 싶다.

슈퍼마켓에서 우유 팔던 아이

나와 지희와의 인연은 어느 날 동네 슈퍼마켓에서 우연히 시작되었다. 우유를 사려고 슈퍼마켓의 문을 열고 들어서자 앳된 모습의 여자아이가 나를 맞았다. 중학생 정도 되어 보이기에 나는 관심을 갖고 말을 건넸다.

"귀엽게 생겼네. 이름이 뭐고?"

"지희라고 합니더."

"학생 같은데 와 공부는 안 하고 여기 있노?"

"공부는 하기 싫고 할 줄도 모릅니더."

나는 당장에 지희를 공부방으로 데려오고 싶었지만, 그날은 꾹 참고 그냥 돌아왔다. 무슨 사정이 있을 수 있고 아무래도 상황을 좀 더 살펴야 한다는 생각에서였다. 며칠 후, 다시 우유를 사러 지희네 슈퍼마켓에 들렀다. 이날은 지희 어머니가 가게를 보고 계셨다.

"혹시, 지희 어머닌가 보네요. 지희는 어디 갔습니꺼?"

"아, 예. 아직 자고 있습니더."

지금 시간이 점심때가 다 되어 가는데 아직 자고 있다니. 나는 곧바로 지희 어머니께 내 소개를 하고 지희에 대한 이야기를 꺼냈다. 지희도 공부를 하게 해 줘야 하지 않겠냐고, 내가 공부방을 운영하고 있으니 지희를 보내라고.

"평소 공부를 시키려는 마음은 있지만 어떻게 해야 할지 몰라서 맨날 저러고 있습니더. 우짜모 조커십니꺼?"

"지금 빨리 지희한테 전화해서 내려오라고 하이소. 제가 데리고 가겠십니더!"

이렇게 해서 지희는 처음으로 울산과학고등학교 공부방에 오게 되었다. 그런데 지희가 울산과학고등학교 공부방에 공부하러 간다고 자랑을 하자 지희 친구 혜숙이도 함께 왔다.

방과 후 아이들은 과학고등학교 빈 교실에서 공부를 한다. 나는 시간이 나면 가끔씩 아이들 사이를 왔다 갔다 하면서 일반 상식이나 교재에 나오는 내용을 질문해 주었다. 지희와 혜숙이는 공부방에 오는 것을 무척 좋아하였다. 하지만 아이들만 본교의 공부방으로 오는 교통편과 식사에 대해 어려움이 있었다. 이런 아이들에게 공부도 열심히 하게 하면서 부모님께 연락도 드리고, 토요일이면 아이들과 컴퓨터로 영화를 같이 보고 잡담을 나누기도 하였다. 그러면 지희나 혜숙이는 덩달아 신이 나서 학교에서 일어났던 일들을 이야기하기도 하였다. 집에서 어머니와 나눈 대화나 학교에서 장난을 쳤거나 심지어 싸운 이야기도 하였다. 그러면 나는 무조건 지희나 혜숙이 편을 들었다. 그런데 지희는 그동안 내가 만났던 아이들과 다른 그 무엇을 느낄 수 있었다. 지희는 정말로 공부를 잘하고 싶은 욕심이 있는 것 같았다. 하지만 공부 방법을 몰라서 공부를 하지 않았고 공부하지 못한다고 무시를 당한 적이 많았으며, 그때마다 학교에 다니는 것이 점점 재미가 없어졌다고 한다.

친구, 휴대폰 떼어 놓기 작전

사실 혜숙이와 지희는 공부방에 오기는 하였으나 누가 전화를 하고 문자를 보내는지 모르지만 10분간격으로 소리가 났다.

'우우웅……'

지희와 혜숙이는 내가 보지 않는 줄 알고 책상 아래로 손을 넣어 문자를 보냈다. 일주일이 흘러도 이런 광경은 계속되었다. 평소 방과 후에 같이 지내던 친구들이라고 하였다.

"그 친구들이 뭐하자카노?"

"또 온다 또 와!!!!"

"받아 봐라, 뭐라카는고."

지희와 혜숙이가 공부방에 잘 오는가 싶었는데, 어느 날부터인지 혜숙이가 공부방에 오지 않는 날이 점점 많아지게 되었다. 그러자 지희까지도 오지 않는 것이 아닌가 걱정이 되었다. 전화하는 친구들의 유혹을 이겨 내는 것이 쉽지 않을 것이라고 생각되었다. 나는 친구들에게 지희를 뺏기지 않으려고 안간힘을 썼다.

휴대폰 소리는 한 달 정도 계속되었다. 나는 휴대폰을 끄고 가방 속에 깊이 넣어 두라고 했지만 언제나 휴대폰을 손에 쥐고 있는 것으로 봐서 실천하기가 힘들어 보였다.

"니 공부 잘하고 싶나? 못하고 싶나? 선택해라!"

지희는 공부 잘하고 싶다며 눈물을 흘렸다. 그 후 그 아이들 대신 내가 지희의 친구가 되어 주었다. 그 후에도 가끔씩 친구들은 같이 놀자고 전화를 하였다. 나는 지희에게 공부를 하기 위해서는 지금의 유혹을 이겨 내야 한다고 하였다. 그리고 지희에게 친구들에게는 배터리가 나가서 문자를 못 봤다고 둘러대는 간단한 거짓말을 연습시켰다.

친구들로부터 지희를 지키기 위한 나의 노력은 계속되었다. 사실 지희 친구들도 공부를 시키고 싶었다. 그러나 많은 학생을 지도하는 것은 관심이 분산되어 한 명도 제대로 할 수가 없는 상황이 될 것 같았다. 그래서 지희만이라도 제대로 공부할 수 있게 하기 위해서는 다른 친구들과 함께 하기가 어려웠다. 거의 한 달여 휴대폰 소동이 지나고 나서야 드디어 친구들로부터 전화가 오지 않기 시작했다. 나는 비로소 이제 지희가 제대로 공부할 수 있을 거라는 확신을 갖게 되었다.

다른 아이들과는 달리 지희는 어머니가 가게를 보느라 옆에서 돌봐 줄 수가 없었다. 나는 지희에게 무슨 과목이 가장 공부하기 힘든지 물어보았다. 그랬더니 역시 수학이 가장 힘들다고 하였다. 지희는 자기가 수학을 못해서 친구들 사이에서도 자존심이 상하고 동생과도 비교된다고 하였다. 나는 이 기회를 놓치지 않고 "네가 수학 점수를 높여서 널 무시하던 사람들을 놀라게 하는 방법은 어때?" 하면서 수학 점수 높이는 방법을 말해 주었다. 그러기 위해 우리는 매일 3시간씩 수학 공부를 하기로 하였다.

우선 수학 책을 펴고 사전으로 모르는 낱말을 찾게 하고 천천히 읽도록 하였다. 지희가 사전으로 수학 용어를 찾고 본문을 이해하면서, 간단한 공식이나 기본 문제를 생각하도록 하였다. 공부하는 중간에는 다음과 같은 근본적인 질문을 던지기도 하였다.

"수학 공부를 하는 이유가 무엇이냐?"

"너는 나중에 커서 뭐가 되고 싶으냐?"

이런 질문을 하는 이유는 아이들을 무작정 공부를 하게 하는 것보다 다른 질문을 함으로써 문제 속에 파묻혀 있던 생각에서 벗어나 더 큰 사고를 하게 하기 위함이었다.

나의 이러한 노력으로 지희는 서서히 공부에 관심을 가지기 시작했다. 사실 지희는 누구보다도 공부를 좋아하고, 하고 싶어 하는 아이였다. 공부에 대한 욕심만큼은 그동안 내가 만난 아이들 중 최고라 할 수 있는 그런 아이였다. 그럼에도 불구하고 주변의 환경 때문에 공부와 담을 쌓고 살았으니 그동안 얼마나 답답하였을까! 이러는 사이 지희는 부모보다 내가 자기의 마음을 더 잘 알아 준다며 고마워하고 기뻐하였다.

지희는 학교가 끝나면 언제나 나에게 전화를 하였다. 내가 서울에 출장을 가도 "언제 오세요?"라고 전화를 했다. 사실 처음에 나는 이런 지희가 조금 귀찮게 여겨지기도 하였다. 그러나 공자께서 말씀하시기를 "공부하려고 오는 아이는 공부를 가르치고, 말하려고 입을 오물거리는 아이에게는 말을 가르치라."고 한 말을 떠올리며 지희의 전화를 반갑게 받아 주었다. 무엇보다 내가 지희와 많은 시간을 같이해야 지희의 장단점을 빨리 파악할 수 있을 것 같았다.

100점을 향한 첫걸음

지희의 학교 성적은 중간 정도였다. 나는 먼저 한 과목을 잘해야 여러 과목도 잘할 수 있을 거라는 판단 아래 지희가 가장 어려워하는 수학 공부를 하게 하였다. 그런데 처음에 지희는 공부하는 것보다 노는 것을 더 좋아하였다. 5시간 정도를 같이 있으면 1시간 정도만 공부하고 더 이상 공부를 하려 하지 않았다. 그래서 첫날은 한 시간, 둘째 날은 한 시간 반, 셋째 날은 또 한 시간 반, 넷째 날은 세 시간씩으로 시간을 늘려갔다. 그럼에도 불구하고 처음 한 달 동안은 공부하는 시간보다 잡담하는 시간이 더 많았다. 나도 '이것은 아니다.' 라고 느끼면서 포기할까 하는 생각이 들다가 다시 시작하고, 또 포기할까 하다가 다시 시작하였다. 하루는 정말 미웠고 어느 날은 또 예뻐 보였다. 하루에도 천당과 지옥을 몇 번이나 오르락내리락하면서 괴로움과 즐거움이 내 마음을 교차하였다.

그러던 어느 날 지희는 과외 하던 것을 그만두고 아예 나하고만 공부하고 싶다고 하였다. 이후로 나와 같이 보내는 시간이 많아지면서 지희와의 공부 시간이 늘게 되었다. 하루에 과학과 수학을 세 시간씩 공부할 수 있었고, 이것을 매일 하루도 빠지지 않고 하였기 때문에 상당한 분량의 내용을 공부할 수 있었다.

하루는 지희가 헐레벌떡 달려와 눈을 동그랗게 뜨고 나에게 이렇게 말하였다.

"학교에서 쪽지시험을 쳤는데 선생님께서 제 시험지를 보시더니 인상을 쓰셨어요. 저는 '혹시 빵점이어서 저러시나, 그럴 리가 없는데…….' 라고 생각했습니더. 그런데 갑자기 선생님이 '니 커닝했재?' 라고 말씀하시잖아요. 제가 깜짝 놀라 '절대 아닙니더.' 라고 했더니 선생님이 '그럼 아니란 말이가. 니가 웬일로 백점을 받았노. 얘들아! 이게 어찌된 일이고?' 하는 게 아니겠십니꺼. 교장 선생님, 저 이런 기분 처음이라예. 얼마나 기분이 좋았는지 아십니꺼?"

평소 지희가 공부하는 모습이 예사롭지 않다고 생각은 하였는데 그 결과가 이렇게 빨리 올 줄은 미처 예상하지 못했기에 나도 놀랐다. 지희가 저렇게 기뻐하는 모습을 보니 나 역시 기쁨이 샘솟듯 솟구쳤다. 나는 지희에게 진심으로 축하해 주었다. 지희는 그 시험을 계기로 자신감을 얻기 시작했다. 이제 지희에게 나는 구체적인 목표를 세우도록 하였다.

2학년 중간고사는 불과 한 달밖에 남지 않았다. 이 시험을 제대로 준비하기에는 시간이 부족했다. 모든 과목을 잘 치르기 위한

공부방의 천사 지희

중간고사 계획은 세우기가 어렵고 우선 지희가 어려워하고 있는 수학에 대한 계획을 자세히 세우도록 하였다. 한 과목에 자신감을 갖게 되면 마치 스펀지에 물이 스며드는 것처럼 연쇄 반응이 일어나 다른 과목까지 잘하게 된다. 우선 나는 지희와 함께 한 달 후의 중간고사를 위한 수학 과목의 계획을 세웠다.

중간고사 공부는 천공법의 원리대로 문제풀이보다 본문 공부에 중점을 두고 공부를 시켰다. 먼저 시간을 주면서 본문의 내용을 읽게 하였다. 모르는 단어가 나오면 사전을 찾아 무슨 뜻인지 이해하게 하였다. 시간을 기록하고 다시 천천히 읽어 보게 하였다. 다섯 번을 읽고 본문을 기억나는 대로 백지에 쓰게 하였다. 그러자 지희는 거의 80%를 적어 내었다. 두 번째 단원을 천천히 읽고 쓰게 하였다. 나는 "천천히 읽고 있니?", "더 천천히 읽어 봐!", "다시 한 번 읽어 봐라!"고 하면서 지희를 계속 다독여 주었다. 나는 독서를 하면서도 지희가 무엇을 하는지 가끔씩 쳐다보았다. 지희는 이렇게 아무 말 없이 계속 보고 있기만 해도 딴 짓을 하지 않고 열심히 공부해 주었다.

사실 나는 지난날 학생들에게 지식만을 전하려고 하였던 것이 부끄럽기까지 하였다. 선진국의 어느 학교 교훈이 '아이에게 지식을 전달하지 말고 생각할 수 있는 불꽃을 튀겨 주어야 한다.'고 쓴 글이 생각났다. 그런 면에서 천공법은 나에게 새로운 교육관을 심어 준 학습법이다.

지희의 공부법 |

:

실제 지희의
수학 공부법
　　　그러면 이제 내가 소개하고자 하는 천공법이 구체적으로 어떻게 공부하는 것인지 알아보는 시간을 갖도록 하자. 다음은 지희가 실제로 수학의 단원 중 〈원과 접선〉에 해당하는 내용을 공부하는 과정을 나타낸 것이다.

　먼저 자와 컴퍼스를 주어 원과 그 접선과 중심각, 원주각을 그리면서 자와 컴퍼스를 가지고 노는 시간을 준다. 이것은 먼저 천공법으로 은지에게 해 본 단원이었다.

〈원과 접선〉

1. 천천히 본문을 읽으면서 이해하도록 지도한다. (걸린 시간: 3분 30초)

　– 시간을 책의 여백에 적도록 한다.

2. 더 천천히 읽으면서 이해하도록 지도한다. (걸린 시간: 4분 39초)

3. 더 천천히 생각하면서 읽게 한다. (걸린 시간: 5분 49초)

4. 외우지 말고 이해하면서 아주 천천히 읽게 한다. (걸린 시간: 7분)

5. 외우면 안 되고 생각하면서 더 천천히 읽게 한다. (걸린 시간: 9분)

6. A4 용지에 이해한 내용을 적게 한다. (내용만 맞으면 된다.)

7. 적은 내용을 확인하고 제출하게 한다.

실제 지희의 과학 공부법

다음은 지희가 과학의 〈전기〉 단원을 실제 공부했던 과정을 나타낸 것이다(전기 부분은 소단원이 많아서 7일 정도 시간이 소요되었음).

한 단원을 7일이라는 많은 시간을 투자하면 해야 할 다른 것이 많은데 어떻게 그렇게까지 하는가 싶을 것이다. 하지만 한 단원을 많은 시간을 투자하여 완벽하게 이해한다면 다음 학년에서 더 이상 시간을 투자할 필요가 없다. 모든 과목의 학습 내용은 계단식이기 때문에 아래 학년에서 완벽히 해 놓으면 상급 학년은 조금만 보충하면 된다. 초등학교 5, 6학년 때 못하던 공부를 중학교에 진학하여 갑자기 잘하려면 매우 많은 노력을 해야 한다. 초등학교 때 완벽히 해 놓으면 중학교 과정이 쉽고 따라서 고등학교에서는 더욱 쉽게 공부할 수 있다.

먼저 전류계와 전압계로 놀이 시간을 가져야 하지만 지희의 기말고사가 다가오기 때문에 곧바로 이론 공부를 하기로 하였다.

〈전기〉

1. 모르는 단어를 사전으로 찾게 한다.

2. 천천히 본문을 읽으면서 이해하도록 지도한다. (3분 30초)

3. 더 천천히 읽으면서 이해하도록 지도한다. (4분 39초)

4. 더욱더 천천히 읽게 한다. (5분 49초)

5. 외우지 말고 이해하면서 아주 천천히 읽게 한다. (7분)

6. 외우면 안 되고 생각하면서 더 천천히 읽게 한다. (9분)

7. A4 용지에 이해한 내용을 적게 한다. (순서나 내용은 맞는지 확인하지 않고 단지 본인이 읽은 내용을 쓰면 된다.)

8. 간단하게 질문한다. (안 해도 무방하다.)

 – 확인하면서 틀렸거나 부족한 내용이 있으면 붉은 펜으로 보충해서 적어 놓게 한다.

9. 그 단원에 관련된 용어를 찾아서 적게 한다. (8번까지 하면 되지만 복습 차원에서 시켜 볼 수도 있다. 어떤 과목에 대한 용어를 적도록 하는 것도 아주 중요하다.)

 예 전기와 관련 있는 용어: 전기, 전압, 전류, 전압계, 저항, 정전기, 수압, 도선, 에보나이트, 대전, 대전체, 대전열

10. 문제를 풀게 한다.

다음은 실제 지희가 6일 동안 공부한 내용을 참고서를 보지 않고 스스로 A4 용지에 기록한 것들을 소개한 것이다. 이렇게 A4 용지에 본문 내용을 기록해 보는 것은 알고 있는 것을 정리하는 것이고, 글씨 연습도 되고 문장 연습이 되므로 매우 중요한 의미를 가지게 된다.

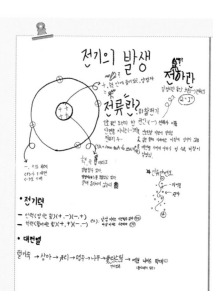

□ 첫째 날 공부한 내용을 지희가 A4 용지에 스스로 기록한 것

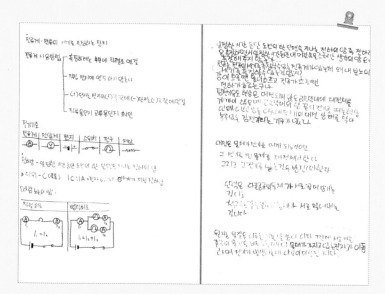

□ 둘째 날 공부한 내용을 지희가 A4 용지에 스스로 기록한 것

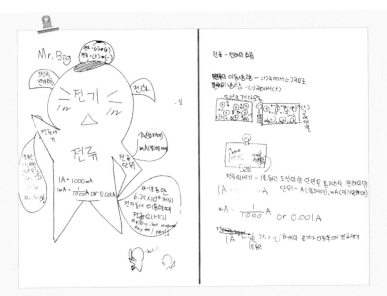

☐ 셋째 날 공부한 내용을 지희가 A4 용지에 스스로 기록한 것

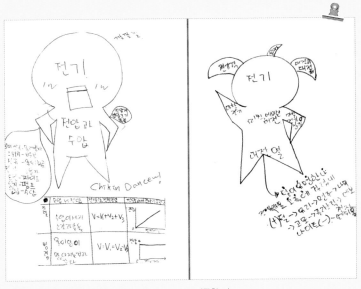

☐ 넷째 날 공부한 내용을 지희가 A4 용지에 스스로 기록한 것

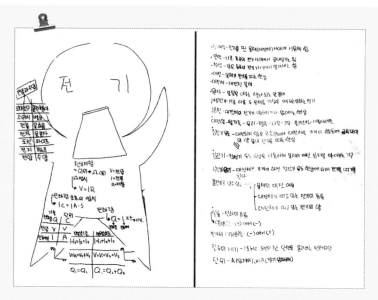

□ 다섯째 날 공부한 내용을 지희가 A4 용지에 스스로 기록한 것

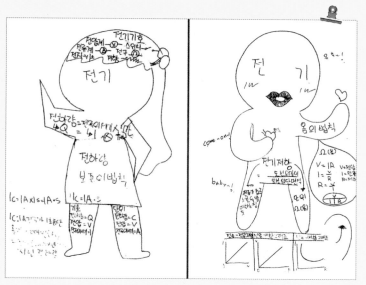

□ 여섯째 날 공부한 내용을 지희가 A4 용지에 스스로 기록한 것(무슨 그림을 그리든 어떤 내용이든지 제재하지 않아야 함)

지희의 공부법 2

:

좋은 학습 태도를 길러 준다

이렇게 해서 개념 정의와 내용에 대한 이해가 충분히 되었다고 생각되었을 때 몇 문제를 제시하여 문제풀이를 하게 한다.

지금까지 문제풀이만 공부해 왔던 아이들에게 천공법을 처음 시도하고자 한다면 진도를 천천히 나가는 것이 더 많은 도움이 될 것이다.

어떤 그룹에서 선두가 되려면 초등학생은 일주일에 15시간을, 중·고등학생은 25시간 이상을 한 과목에 대해 공부해야 한다고 한다. 물론 공부 방법에 따라 다를 수 있다. 아이가 천천히 공부를 해야 하는 이유는 엄지손가락이 어떻게 생겼는지 정확하게 알고 나면 두 번째, 세 번째, 네 번째, 다섯 번째 손가락이 어떻게 생겼는지는 더 쉽게 알 수 있기 때문이다. 하나를 시도하여 성공한다면, 그 자신감으로 열을 도전하는 데 두려움이 없을 것이고, 백은 실패하지 않고 성공할 수 있다.

지희는 이제 새 단원을 시작하면 말하지 않아도 자기가 먼저 본문을 읽고 시간을 잰다. 나는 "더 천천히 읽어!", "몇 번 읽었어?, 몇 분 걸렸어?"라고 말한다. 나중에는 아무 말을 하지 않아도 자기주도적으로 공부하고 있다. 그리고 문제풀이에서 잘 풀리지 않으면 그것을 가지고 인터넷에서 찾아보게 하고 혼자서 풀도록 하면 된다. 그 문제를 풀지 못하면 본문의 학습이 덜 된 것이므로 다시 본문 복습을 하게 한다. 그러나 고난이도의 문제가 아니라면 그 정도 공부로 충분히 혼자서 풀 수 있다. 수학 문제 중에는 가끔씩 풀리지 않는 것이 있다. 이러한 경우 이틀이 걸리든 삼일이 걸리든 반드시 혼자서 풀게 해야 한다. 이렇게 한 번이라도 자기 힘으로 풀게 되면 쾌감을 느끼고 희열을 느껴 공부에 재미와 자신감이 생기게 된다. 한두 문제만 그 어려움을 넘기면 공부하는 기쁨을 느껴서 자연스럽게 좋은 학습 태도를 가지게 된다.

나는 자녀를 둔 부모들에게 이 방법으로 자녀와 한 번 꼭 공부해 보라고 권하고 싶다. 제대로 실천하기만 한다면 정말 아이의 학습 태도를 바꿔 줄 수 있는 좋은 방법이기 때문이다.

이제 지희는 자신이 왜 공부를 해야 하는지 이유를 알게 되었다고 한다. 이제는 공부가 재미있다고 한다. 방과 후 혼자서 하는 공부의 양은 약 6시간인데 앞으로 더 많이 하게 될 것이다. 공부는 왕도가 없다. 공부를 하지 않고 좋은 성적을 얻는다는 것은 있을 수 없는 일이다. 아이가 공부할 수 있도록 환경을 만들어 주고, 공부하는 시간을 늘려 주면 누구나 잘할 수 있다. 자투리 시간을 얼마나 잘 이용하느냐 하는 것도 성적을 올리는 데 중요한 요소이다.

나는 지희가 내 말을 듣지 않아 밉고 힘들 때도 울화가 끓어오르는 것을 꾹 참으면서 "너는 할 수 있다. 너 같은 아이를 본 적이 없다. 너는 성공할 것이다."를 수십 번도 더 말해 주었다. 그럴 때마다 지희는 즐거워하며 다시 공부에 집중하였다.

꼭 필요한 예습

모든 공부가 그렇겠지만 사실 천공법으로 예습을 시켜 수업에 임하게 한다면 수업 시간이 신나고 선생님의 설명을 놓치지 않으려고 할 것이다. 지희 역시 그렇게 예습을 시켜 학교에 다녀온 날은 더욱 기분이 좋아져 공부에 더욱 집중하였다. 그래서 지희는 천공법으로 예습한 수업 시간에 선생님의 질문에 답을 할 수 있었고, 그것에 힘입어 더욱 자신감이 생기는 효과가 있었다.

어느 날 수학 시간에 선생님이 칠판에 문제를 내어 주시면서 풀어 보라고 하셨는데, 지희가 당당하게 나가 문제를 풀어 반 아이들이 모두 깜짝 놀랐다고 하였다. 왜냐하면 지희의 성적은 학급에서 중간 정도에 불과했기 때문이었다.

공부를 처음 시작할 때는 이틀만 그 과목을 공부하지 않아도 아이가 감각을 잃을 수 있다. 따라서 감각을 잃지 않도록 매일 조금씩 공부하는 것이 중요하다. 어떤 작가가 이런 말을 하였다. "수학 공부를 잘하려면 수학을 죽여라."라고. 일단 한 과목만 죽이면 다른 과목을 죽이는 방법도 터득할 것이다.

수학에 흥미를 잃은 아이들에게 수학을 재미있게 만들어 주는 방법은 수학을 가지고 놀게 하는 수밖에 없다. 나는 지희에게 먼저 한 단원을 가지고 놀게 하였다. 수학과 함께 시간을 보내게 한 것이다.

이러한 공부 방법은 어려운 것 같지만 시도해 보면 오히려 더 쉽다는 것을 알 수 있다. 처음 시작할 때 아이를 잘 설득해서 작은 단원 두세 개만 해 보면 된다.

주의할 점은 현재 학교에서 배우는 내용보다 다음 수업 시간에 배울 내용을 학습시켜야 한다는 것이다. 이는 아이로 하여금 학교에서 선생님의 설명을 쉽게 이해할 수 있게 하기 때문에 신나는 학습이 되고, 따라서 공부에 재미를 느끼도록 할 수 있다.

이와 같은 방법으로 아이를 공부하게 할 때 어른은 아이 옆에서 컴퓨터를 해도 되고 책을 읽어도 되며, 가사일을 해도 무방하다. 가끔씩 아이가 하는 공부를 같이 연구하는 것처럼, 생각하는 것처럼만 해 주기만 하면 된다. 아이에게 답을 가르쳐 주면 아이가 할 일이 없기 때문에 이는 본문 내용으로 대화하고 어른은 그냥 아이 옆에서 지켜보기만 해야 한다.

보통 아이들이 어른의 도움을 필요로 하는 시기는 중학교 3학년까지일 것이다. 그 이상이 되면 아이들은 자기 고집대로 하게 되어 아이가 무엇을 하는지 참견을 하기가 어려워지게 된다. 책만 펴놓고 가만히 있어도 공부하는 것처럼 보이므로 무어라 말할 수가 없다. 그러므로 중학교 3학년이 되기 전에 반드시 이 공부 방법을 습득한다면 성적이 향상될 것이다.

학교나 학원이나 모든 수업에서 학생이 스스로 공부하도록 유도해야 한다. 아이에게 답을 가르쳐 주지 말고 답을 생각해 내도록 유도하라. 그것이 아이를 능력 있게 만드는 지름길이다.

어른은 책을 보면서, 부엌일을 하면서, 청소를 하면서 한 번씩 눈길만 주면 된다. 아이가 뭘 하고 있는지 살피면서 집중을 하도록 유도하면 된다. 이때 아이를 불신하는 말을 하면 아이는 아예 공부를 하지 않으려고 할 수 있으므로 언사에 항상 주의한다.

공부는 남이 대신할 수 없다

지희는 책을 읽기 시작하면 밤새워 책을 읽고 퍼즐을 하면 5~6시간을 계속한다. 그리고 TV 프로그램 중에서도 내셔널지오그래픽, 디스커버리, EBS 다큐멘터리를 좋아한다. 지희는 원어민 선생님들과도 대화를 잘하고 붙임성이 있다. 지희는 원어민 선생님들과 대화하면서 그들의 할로윈 행사 때 밤에 몰래 2층에서 뛰어내리다가 발목을 삐어 어머니께 들켰던 일과 어릴 때 캠핑장에서 겪었던 많은 에피소드를 들을 수 있었다고 한다. 이러한 이야기들은 자신이 겪어 보지 못한 새로운 세계의 이야기여서 무척 신기하다고 하였다.

이렇게 활달한 성격의 지희는 바이올린을 교습비를 주지도 않고 배웠던 일도 이야기해 주었고, 퍼즐을 밤새워 했던 일도 이야기해 주었다. 이 순수한 아이와 이야기를 나누다 보면 진실한 면을 느낄 수 있다. 내가 가진 생각이 또 다른 참신한 세계와 만나는 것은 큰 기쁨이었다. 부모들도 아이들과 대화를 시작한다면 많은 것을 배우고 또 느낄 것이다. 내가 지희를 공부하게 하였지만 배우는 것도 많았다. 단지 나는 지희가 공부하는 것을 도왔을 뿐이다. 나는 지희에게 공부를 가르치지 않는다. 공부는 지희가 할 뿐이다.

문제를 풀 때도 답을 가르쳐 주지 않는다. 답을 구하는 것은 지희 몫이기 때문이다. 내가 답을 해 주면 지희가 할 일을 오히려 내가 빼앗는 것이라고 생각된다. 나는 어떻게 공부하는지 지켜보고만 있으면 된다. 데릭 젠슨의 '네 멋대로 써라'에 보면 "내가 겪어 보니 칼 로저스 말대로 진짜 공부는 오직 자기가 찾아내고 자기 걸로 만드는 것뿐이었어요. 그래서 난 여러분께 아무것도 가르치려 애쓰지 않을 겁니다. 그 대신 여러분 자신을 가르칠 수 있도록 분위기를 만들어 내는 게 내 할 일이에요."라는 말이 나온다.

공부는 아이 몫이기 때문에 아이가 공부에 재미를 느낄 수 있도록 해 주어야 한다. 공부를 하게 할 때 가장 중요한 것은 모든 사물에 의문을 품게 함으로써 진정 아이의 생각을 키우는 것이다. 답을 생각하게 하는 것은 생각을 키우는 것이다.

변화되기 전 지희의 공부 방법

지희는 어릴 때 어머니가 시키는 대로 학습지와 문제집을 많이 풀었다. 초등학교 때에는 학습지 덕분에 좋은 성적을 유지할 수 있었다. 그리고 별 어려움 없이 중학교 1학년 과정도 공부할 수 있었다. 그러나 2학년에 올라오니 방정식이 어려워지고 수학의 응용 문제가 갑자기 복잡해져서 선생님이 무슨 소리를 하는지 알아듣기가 어려워졌다. 갑자기 성적이 잘 나오지 않는 이유를 지희 어머니는 모르고 계셨고, 지희만 고민하고 있었다. 특히 지희는 수학 과목이 어렵게 느껴져 싫어하게 되었다. 기초가 되어 있지 않으니 선생님의 설명도 도저히 알아들을 수가 없어 수학 시간은 그저 멍하게 앉아 있기 일쑤였다. 만약 이런 상황으로 고등학교에 진학한다면 아무것도 모르는 상태로 멍청히 수학 시간을 보낼 것 같아 걱정하고 있었다.

지희는 '수학' 소리만 들어도 시야가 흐려지고 혈압이 올라가 뒷목을 잡고 쓰러질 것 같은 기분이 된다고 하였다. 아이가 할 소리가 아니라고 생각하면서도 지희가 불쌍하게 생각되었다. 지희는 다른 아이들이 고민하고 포기하는 이유를 이해한다고 하였다.

그래서 마음먹고 수학 공부를 하기 위해 어머니와 공부를 잘하는 친구들에게 물어보았더니 공식만 외우고 문제집에 있는 문제만 풀라고 하였다. 그래서 공식을 외웠으나 기본 원리를 모르고 있었기 때문에 공식을 이용한 또 다른 문제는 풀 수가 없었다. 공식을 만든 과정을 알게 되면 그 공식에 관한 복잡한 문제도 자연스럽게 풀 수 있었을 것이다.

지금까지의 이야기는 천공법으로 공부하기 전의 지희 상황이다. 그런데 이것은 지희만의 문제가 아니라 지희의 친구들이 겪고 있는 문제일 수도 있을 것이다. 나는 그 모든 학생들에게 공부를 잘하는 방법은 시간에 비례하며, 꼼꼼히 생각하면서 공부하는 것이 성공하는 것이라고 말해 주고 싶다. 공부를 잘하기 위해서는 정확하게 그리고 의문을 가지면서 천천히 공부해야 한다. 그저 외우기만 하는 주입식 교육 방법으로는 아이를 성공시킬 수 없다.

이해하면서 천천히 하는 천공법으로 변화된 지희

어떻게 공부해야 할지 몰랐던 지희는 다음과 같은 방식으로 공부하였다.

다음은 수학의 〈빗면〉 단원을 공부했던 내용이다.

1. 빗면을 사용하여 일의 양을 측정하는 이유는 무엇인지 생각해 보게 한다.

2. 우리 생활에서 빗면의 원리를 이용한 것에는 무엇이 있는지 생각해 보게 한다.

3. 그 단원에 있는 새로운 용어의 정의를 사전에서 찾아 적게 한다.

4. 내용을 이해하면서 읽게 한다.

   (이런 경우 '몇 분 걸리냐?' 며 질문을 하여 주위를 환기시킨다.)

5. 천천히 읽어 가면서 다시 한 번 더 이해하도록 지도한다.

   (두 번째의 시간을 물어본다. '더 천천히 읽었니?' 로 다시 분위기를 환기시키는 것만 한다.)

6. 더 천천히 읽으며 이해하도록 하고 암기는 하지 못하게 한다.

7. 이해하면서 읽는 것을 다섯 번 하게 한다.

8. A4 용지에 이해한 내용을 적어 보게 한다.

9. 적은 내용을 보고 몇 개의 개념에 대해 질문한다.

※ 꼭 이런 순서로 하지 않아도 되지만 공부할 단원에는 개념 정리가 되어야 하고, 전체를 이해해야 하고, 그 내용을 한 번 써서 자기 것으로 만들어야 한다. 만약 본문도 이해되지 않으면서 문제를 풀면 많은 시간이 소요되어 전체 공부 속도가 오히려 느리게 된다.

이런 방법으로 공부를 한 지희는 조금씩 변화되고 있었다. 전에는 공부를 왜 하는지 몰랐는데 지금은 공부를 해야겠다는 마음이 생겼다는 것이다. 왜 이런 변화가 생겼을까?

그리고 얼마 전 지희를 Open KAIST에 참관시켰다. 지희는 그곳을 다녀오고 나서 목표가 생겼다. 아이들은 작은 것에서 큰 변화를 한다. 연구원들로부터 비행기가 나는 원리와 비행기의 설계에 대하여 이야기를 들었다고 한다. 지희는 그 말을 듣고 비행기를 만드는 항공우주학과에 가고 싶다는 목표가 생겼다고 하였다. 사실 중학교 1학년 때 내셔널지오그래픽에서 엄청나게 큰 배가 나오는 것을 보고 조선학과에 지원하고 싶었는데, 이번 행사에 참여한 후로 항공우주학과에 대한 꿈이 생겼다. 그러기 위해 반드시 공부를 해야겠다고 마음을 먹은 것이다.

지희는 그 꿈을 이루기 위해 수학과 과학을 매일 공부하고 있다. 밥을 매일 먹어야 하듯이 공부 또한 매일 하지 않으면 감각을 잃어버린다. 어떤 과목을 잘하려면 함께 보내는 시간이 많아야 한다. 아는 노래가 좋고, 아는 사람이 좋듯이 수학을 좋아하게 만들려면 오랜 시간을 함께해 주어야 한다. 그래서 지희는 매일 수학과 과학 공부를 하고 있다.

확인 또 확인　　　　기말고사(11월 25일)가 가까워 오자 지희는 복습을 하기 시작했다. 전에 하던 대로 내가 질문을 하고 지희가 답을 하는 시간이었다. 그런데 나는 지희로부터 심한 실망감을 느껴야 했다. 당연히 알고 있을 줄 알았던 문제를 틀리게 답을 하였다. 그동안 나는 지희를 믿고 "이 단원 했나, 저 단원 끝냈어?"라고 질문하면서 써 보게만 하고 자세하게 확인을 하지 않았었다. 책을 보지 않고도 잘 쓰기에 다 아는 줄로만 알았었다. 그런데 그 모든 것이 나의 착각이었던 것이다.

순간 내 머리는 뭐가 잘못된 거지? 또 다른 방법을 찾아야 하나? 등의 생각으로 혼란스러웠다. 그리고 몇 번이나 '참을 인' 자를 가슴에 그리면서 화를 참고 또 참았다. 탈무드에서 읽은 "인내력이 없는 사람은 남을 가르칠 수가 없다."라는 구절을 생각하고 또 생각하였다.

그리고 목소리 톤을 한 옥타브 낮추고 천천히 조용히 말하면서 '저항' 단원을 다시 시간을 주고 천천히 이해하도록 하였다. 다섯 번을 읽게 한 후 다시 물어보니 이번에는 잘 이해하고 있었다. 십년 묵은 체증이 쑥 내려가는 것 같았다. 사실 그동안 천천히 이해하는 시간이 부족하였는데 빨리 읽고 진도를 나간 것이었다. 그런 후 문제집에 있는 문제의 풀이 과정까지 쓰게 하였더니 모두 다 풀어내었다. 이번에는 정말 모르는 것이 없다는 것을 확인할 수 있었다. 아이들에게 조금도 방심해서는 안 된다. 진심으로 신뢰하면서 하나하나 확인해야 한다. 아이는 학습하는 내용을 치밀하게 확인하고, 부모나 교사는 아이가 공부한 각 단원의 내용을 세밀하게 확인하면서 제대로 공부하는지 수시로 확인하지 않으면 성공할 수 없다.

지희의 과학 실력이 있게 된 것은 공부방에서 많은 시간을 보낸 덕택이라 하지 않을 수 없다. 그리고 지희는 〈전기〉 단원에 대하여 더욱 꼼꼼히 공부하였기 때문에 중학교 3학년 물리가 쉬웠다고 하였다. 지희는 이번 겨울 방학 동안 고등학교 물리 중에서 〈전기〉 단원은 공부방에 오는 친구들에게 자신 있게 설명해 주기도 하였다.

지희의 영어 공부 방법

수학과 과학을 마스터하고 나니 자연히 영어 과목이 부족하다는 것을 알 수 있었다. 사실 지금까지 공부라고는 하지 않았으니 어느 과목인들 부족하지 않을 리 없었다. 지희는 영어 역시 기초가 되어 있지 않았다. 그래서 수학과 같은 방법으로 공부를 시켰다. 문장을 알아야 말을 할 수 있기 때문에 생각하면서 읽어 보라고 하였다.

다음은 지희가 학교에서 다음 시간에 배울 단원인 영어 10과를 예습하였던 것이다.

Lesson 10. We Are Proud of Our Culture

1. 천천히 한 번 읽게 한다. (3분 42초)

2. 두 번째 천천히 읽게 한다. (4분 34초)

　　– 두 번째 천천히 읽으라고 했더니 속이 터진다고 한다. 속독을 한 탓으로 빨리 읽고 싶은데 천천히 생각해 가면서 읽으라고 하니 더 어렵다고 한다. 그래서 우리말로 된 다른 과목을 공부할 때를 떠올리며 속도를 천천히 해 보라고 했다. 그렇게 했더니 겨우 이해가 되고 자연히 머릿속에 그 단어가 남아서 전체 내용을 알게 되었다고 한다.

3. 세 번째 읽는 데 걸린 시간을 적게 한다. (5분 21초)

4. 네 번째 읽는 데 걸린 시간을 적게 한다. (6분 57초)

5. 다섯 번째 읽는 데 걸린 시간을 적게 한다. (8분 5초)

6. 다섯 번 읽은 내용을 보지 않고 적어 보게 한다.

※ 이렇게 천천히 읽게 하면 아이들 나름대로 본문과 연관된 문장이나 단어를 생각해 내었다.

네 곳의 틀린 부분이 나왔기에 한 번 더 읽고 다시 쓰게 하였다. 다시 쓰게 하니 틀린 문장이 나오지 않았다. 여섯 번 읽는 동안 10과에 나오는 영어 문장을 모두 이해한 것이었다.

지희는 지금까지 예습을 한 적이 없었다. 그런데 10과를 완전 이해하게 하여 학교를 보냈다. 학교 가는 발걸음이 가벼웠고 영어 시간이 기다려졌다고 하였다. 사실 영어를 예습한 그날은 완전히 다른 세상에 와 있는 것 같은 기분이 들었다고 한다. 그리고 영어 시간이 되었다. 갑자기 영어 선생님께서 이렇게 말씀하셨다.

"10과의 본문 외울 줄 아는 사람 없어?"

반 아이들 중 아무도 손을 드는 사람이 없자 선생님께서는 실망하시며 화를 내셨다. 그러면서

"외우는 데 5분의 시간을 줄 테니까 빨리 외워!"

라고 하셨다. 5분의 시간이 지나고 선생님께서

"다 외운 사람?"

하고 물으셨을 때 지희 혼자 손을 들었고, 지희는 제10과의 본문을 줄줄 외우기 시작했다. 선생님께서는 당황하셨다. 사실 지희는 평소 성적이 좋은 편이 아니었을 뿐 아니라 다른 친구들이 보기에 5분 만에 외운 것으로 믿어지지 않았던 것이다. 게다가 단어를 받아쓰기 하였는데 지희는 그것도 모두 맞았다고 하였다.

지희는 완전히 스타가 된 기분으로 돌아와서는 나에게

"선생님, 어떻게 알고 영어 본문을 다 외우게 하셨습니꺼?"

하며 물어왔다. 나는 이런 일련의 과정들을 지켜보면서 흐뭇한 마음이 들 수밖에 없었다. 지희가 문제를 다 맞았다는 사실보다 더 중요한 것은 이

런 일들을 통해 지희의 기가 살아나고 자신감이 생겼다는 사실이었다.

지희는 어떻게 하면 공부를 잘할 수 있는지 공부 방법을 알아가고 있었다. 알고 있어도 실천이 잘 안 되는 것이 사실이다. 그러나 아이들이 공부를 해 나갈 수 있는 분위기를 만들어 주는 것이 어른들의 역할이다.

전교 10등을 하다

지금 지희는 공부에 눈을 뜨고 있었다. 그동안 자신의 세상을 보지 못하다가 안개가 걷히면서 드디어 눈앞에 펼쳐진 자신의 세계를 보게 된 것이다. 이제 지희는 하루 평균 4시간의 공부를 진지하게 하고 있다. 얼마 전에는 수학 수행평가를 보았는데 반에서 1등과 2등 하는 아이와 지희 세 명만이 만점을 받았다. 지희는 100점을 향해 한 걸음 더 내디딜 수 있었다.

나는 이런 지희에게 평소에 알고 있어도 아는 척하지 말고 다른 아이가 모르는 문제를 물어보면 겸손해 하면서 답을 알려 주라고 당부하였다. 또 갑자기 성적이 오르기 때문에 자만심이 생기지 않도록 주의를 주었다. 벼는 익을수록 머리를 숙이는데 사람은 더욱 머리를 숙여야 한다고 강조하였다. 그렇게 하면서 식사 예절로 어른보다 먼저 수저를 들지 마라, 식당에 가면 물은 네가 따라라, 방석을 내어 드려라, 맛있는 것만 먹지 않아야 한다 등을 익혀 나가도록 하였다.

기말고사가 8일 남았다. 지희가 해야 할 내용이 참 많았다. 오늘은 지희가 학교에서 선생님께서 내 주신 프린트를 풀고 있었다. 모르는 것을 확인해 가면서 한 문제씩 천천히 시험지에 써 가면서 풀어 가도록 하였다. 그리고 2학년 수학 교과서 중 계획한 단원을 다섯 번씩 읽도록 하였다. 한 번 읽을 때마다 지금까지 몰랐던 것을 생각해 내었다. 읽을 때는 집중해서 읽도록 주의를 주었다.

교과서는 다른 어떤 책보다 요약정리가 잘 되어 있는 것이다. 가장 중요한 것만 한 자 한 자씩 이해하면서 읽어 두는 것이 기본을 다지는 방법이다.

이렇게 공부했던 지희는 기말고사에서 성적이 향상되었으며 3학년으로 올라가 모의고사에서 전교 10등을 하였다. 그뿐만 아니라 3학년 1학기의 중간고사에서는 가장 어려워하던 수학을 100점 받았다고 어머니께서 감사하다는 전화를 하셨다.

내가 교장 선생님을 처음 만난 것은 여름의 열기가 채 가시지 않은 이른 가을날이었다. 여느 때와 같이 엄마의 가게에서 빈둥거리며 만화책을 보고 있었는데, 선생님께서는 올 때마다 놀고 있는 내 모습이 못마땅하셨는지 과학고등학교 교장 선생님이라고 소개하셨다. 그러고는 공부 안

□ 공부하고 있는 지희

하냐고 하시면서 학교에 공부하러 가지 않겠냐고 물으셨다. 평소에 수학, 과학이라면 아주 싫어하던 나에게는 왠지 과학고등학교란 말도, 공부라는 것도 거부감이 들었다. 그러나 어머니께서는 당연히 된다며 허락을 하셨다. 얼떨결에 선생님을 따라서 일단 학교로 가기는 했는데, 평소 '공부'라는 개념 자체가 없었던 나는 앉아서 공부한답시고 문제집에 있는 문제에 대해 생각해 보지도 않고 답만 찍기를 하면서 선생님 눈치만 보고 있었다. 그래서 첫날 이후 선생님과 공부를 하면서 먼저 앉아 있는 훈련을 했다.

시간이 흐를수록 첫날에 1시간 앉아 있기도 괴로웠던 그 모습은 사라지고 차분히 몇 시간이든 앉아서 공부할 수 있게 되었다. 그러나 제일 큰 문

제는 얌전히 앉아 문제집을 풀고 있어도 그게 푸는 건지 찍는 건지 분간할 수가 없었다. 그걸 선생님께서도 아셨는지 본문의 개념부터 잡자고 하셨다. 처음엔 본문을 쭉 읽고 내가 모르는 낱말의 뜻을 사전에서 찾아 적었다. 이걸 왜 하냐고 하겠지만 '생활' 이란 단어를 예로 들어 보자. 생활이란 '사람이나 동물이나 일정한 환경에서 활동하며 살아가다' 라는 뜻인데, 평소 자주 쓰지만 뜻을 알고 있는 사람은 거의 없다. 단어 찾기를 통해서 어휘력도 기르고 본문의 이해도 훨씬 쉽게 할 수 있으니 두 마리 토끼를 한 번에 잡은 셈이었다.

그리고 선생님께서는 천천히 읽으면서 시간을 재도록 하셨다. 한 페이지를 읽으면서도 거기 나와 있는 단어를 보면서 '이건 이런 뜻이고, 이건 왜 이렇게 될까?' 라고 스스로 생각하고 묻고 답하며 읽다 보니 그냥 읽을 때는 1분도 안 걸렸는데 이런 방식으로 읽다 보니 한 페이지를 읽는 데도 5분에서 많으면 10분까지 걸릴 때도 있었다. 이렇게 천천히 다섯 번을 읽고 다시 책을 보지 않고 한 번 종이에 쭉 써 보았다. 억지로 암기했을 때보다도 훨씬 잘 외워졌다. 그런 뒤 문제를 풀어 보니 거의 틀리는 것이 없었다.

수학을 할 때에도 선생님과 함께 책에 나와 있는 증명을 일일이 다 해보고 또다시 천천히 읽고 증명 과정을 한 번 적은 뒤 문제를 풀었다. 영어같은 경우에도 공부할 때에 단어를 찾고 문법을 찾아서 5번 읽고 지문을 이해하고 문제를 풀었다.

드디어 선생님과 공부한 것의 성과를 발휘할 수 있는 2학기 중간고사가 다가왔다. 본격적인 시험 기간이 시작되었지만 선생님과 나는 문제를 풀지 않고 시험 범위만큼 천천히 읽으면서 공부했다. 그런데 시간이 부족하여 수학, 과학 공부에만 너무 치중한 탓인지 수학, 과학은 성적이 올랐지만 다른 과목의 성적은 이 과목들에 비해 성적이 좀 낮았다. 그래도 전보다는 많이 오른 성적을 보면서 내심 뿌듯했었다.

2학년 겨울 방학에는 인근에 있는 20여 명의 학생들이 공부방에 공부하러 왔다. 학생들이 많아지면서 선생님께서는 우리가 그날 공부한 것을 모두의 앞에서 발표하도록 하셨다. 발표를 하면서 저 친구가 설명할 때 내가 몰랐던 것을 질문하기도 하고, 내가 발표할 때 친구들이 이것저것 질문하면서 내가 부족했던 것들도 알 수 있었다. 그리고 발표를 하다 보니 공부를 게을리할 수가 없었다. 내가 한번은 귀찮아서 단어의 뜻도 안 찾고 발표를 한 적이 있었다. 그런데 그날 선생님께서 '포자'의 뜻이 뭐냐고 불쑥 물으셨는데, 그 뜻을 몰라서 당황한 적이 있었다.

3학년으로 진급하면서 나의 공부 방법은 좀 더 확실히 자리를 잡게 되었고, 첫 중간고사에서 전교 등수가 30등 정도 올랐다. 그 뒤로 눈에 띌 만큼 확연히 오르거나 하진 않았지만 조금씩은 계속 발전해 나갔다.

3학년이 되면서 선생님께서 과학고등학교 학생들과 멘토링을 시켜 주셨다. 멘토링을 하면서 문제 푸는 법이나 본문 설명 이외에도 공부하는 방식 등 여러 가지를 배울 수 있었다. 특히 고등학교 공부를 하면서 혼자 하기가 많이 힘들었는데 수학이나 과학 방면으로 도움을 많이 받았다. 그래서 지금 다른 친구들보다는 고등학교 공부를 조금 수월하게 예습하고 있다.

선생님과 공부하면서 공부에 재미도 붙였고, 수학과 과학 과목도 더 이상 부담이 되지 않았다. 어려운 과목이긴 하지만 나는 어렵기보다는 하기가 싫었고, 그러다 보니 성적은 떨어지고 더 하기 싫어졌던 것뿐이었다.

지금은 수학도 내가 좋아하는 과목 중의 하나이다.

공부할 수 있는 기회는 누구에게나 주어진다. 하지만 누구는 그 기회를 이용하고, 누구는 버린다. 배우는 고통은 잠깐이지만 못 배운 고통은 평생이라고, 기회가 주어졌을 때 모두가 나중에 후회하지 않게 열심히 했으면 좋겠다.

마지막으로 공부할 자리를 만들어 공부시켜 주시면서 나를 여기까지 이끌어 주신 교장 선생님, 말 안 듣는 딸 공부 뒷바라지하며 고생하시는 우리 엄마와 아빠, 언제나 흐트러지지 않게 잡아 주시던 강원도 아주머니, 서로 버팀목이 되어 도와준 영인이, 다현이 모두 진심으로 감사드리고 사랑해요.

김지희 올림

그 외 아이들 이야기

:

영인이, 병찬이, 지희 말고도 공부방을 거쳐 간 아이들이 많이 있다. 나는 이 아이들에게 천공법으로 공부하는 방법을 가르쳐 주었고, 대부분의 아이들이 태도가 바르게 되고 성적이 오르는 것을 볼 수 있었다. 그중에 몇 명에 대하여 간단히 소개하고자 한다.

골든벨 대회에서 1등을 한 명재　명재는 2006년 11월쯤 미장원에서 처음 만났는데, 그 당시 중학교 2학년이었다. 명재의 아버지는 명재의 공부에 관심이 많았고, 학교에 방문을 신청하였다. 앞에서도 설명하였지만 공부방을 열게 해 준 명재는 공부를 하지 않고 지낸 시간들을 뼈저리게 후회하는 것이었다.

"지금부터 공부해도 된다. 늦지 않다. 명재야, 우리 공부해 보자."고 하

혼자서 열심히 공부한 명재 · 명재의 장학증서

였다. 그리고 2007년 9
월 울산시내에서 울산
과학고등학교 입시설명
회를 하였다. 그런데 이
미 본교 지원 자격이 없
는 명재가 제일 먼저 왔
다고 하면서 맨 앞자리
에 앉아 있었다. 과학고
등학교를 다녀간 후 아
주 열성적인 아이로 변한 명재를 보며, 명재 아버지는 무척 자랑스러워
하신다. 그동안 명재는 비록 불합격하였지만 지구과학올림피아드와 생
물올림피아드를 준비하면서 실력을 높여 나갔다. 그리고 3학년 12월의
기말고사에서 선생님으로부터 의심받을 정도로 성적이 향상되어 장학금
을 받기도 하였다. 명재는 현재 인근 고등학교 2학년에 재학중이다. 지난
달 2009년 울산광역시 청소년 골든벨 대회에서 한 문제도 틀리지 않아 1
등을 하였다고 명재 아버지께서 알려 주셨다.

목표를 달성한 김상헌

중학교 1학년인 상헌이는 어머니와 함께 매일 공부방에 온다. 영어 교사인 어머니께서는 말없이 자기 공부를 하시면서 상헌이를 감독하신다.

2009년 여름 방학 동안 공부방 아이들에게 공부할 계획을 세워서 제출하라고 하였다. 그때 상헌이는 1학년 2학기 목표가 반에서 3등이라고 귀엽게 적어 내었다.

"상헌아, 지금은 몇 등이고?"

"반에서 10등입니다."

"그래 쑥 올려 보자."

그런 후 여름 방학 동안 수학 공부를 하고 있는 상헌이에게 가끔씩 '집합이 뭐냐? 넌 어떻게 공부하고 있느냐?'고 물어보기도 하였다. 어머니와 함께 2009년 여름 방학 동안 열심히 공부하였다. 특히 수학을 어려워하였기 때문에 공부방에서 수학 공부를 열심히 하였다. 가을이 지나면서 신종인플루엔자 때문에 공부방에 오지 못하고 친구집에서 공부한다는

꾸준히 말없이 공부하는 상헌이

이야기를 들을 수 있었다. 그런데 12월이 되어 다시 공부방 문을 열었다. 상헌이는 그동안 학교에서 있었던 것을 이야기하였다.

"제 친구가 성적이 많이 올라서 교감 선생님께 불려 갔심더. 그 교감 선생님께서 '너는 어떻게 성적을 올렸노?'라고 하셨습니다. 그 친구는 '상헌이 시키는 대로 했심더.' 라고 말했습니다. 그러자 교감 선생님께서는 '그래? 김상헌이도 많이 올랐는데 김상헌이 좀 오라고 해라.' 라고 하셨습니다."

그 후 김상헌이도 교감 선생님께 불려 가서 칭찬을 받았다고 하였다. 그런데 상헌이가 교감 선생님께 불려 간 이유는 1학년 1학기 수학 점수가 43점 정도였는데, 2학기 수학 점수는 83점을 받았기 때문이라고 하였다. 그리고 2학기 목표였던 3등은 못했으나 4등을 차지했다. 3등과는 평균이 1보다 작은 영점 얼마밖에 차이가 없어 상헌이 어머니께서는 상헌이가 목표를 이루었다고 기뻐하셨다고 한다. 지난 여름 상헌이 어머니께서는 상헌이 옆에서 밤늦도록 상헌이가 하는 공부를 지켜보고 계셨다. 주로 수학 공부를 많이 하였는데 몰라서 풀어 준 문제는 곧 잊어버리고 혼자서 풀게 한 문제가 다음에 나오면 정답을 알아맞힐 수 있었다고 하셨다.

어느 날 상헌이가

"어머니, 공부 잘하는 방법이 무엇입니꺼? 저는 외국어고등학교를 가고 싶습니다."

하자, 어머니께서는

"그래? 그럼 전교에서 항상 1등 했던 사촌형이 이번 여름 방학에 올 것이다. 그 형에게 질문을 많이 해서 수학이나 영어를 마스터하도록 해라."

하셨다.

"그러면 수학은 어떻게 질문하면 됩니꺼?"

"수학의 첫 단원에 나오는 집합이 무엇인지 물어봐라."

"집합만 질문하면 시간이 얼마 걸리지 않을 것 같으니까, 다음에 어떻게 하면 됩니꺼?"

"집합을 설명하면 그 설명을 듣고 그 가운데서 질문하면 된다."

"어떻게 하면 됩니꺼?"

"집합에는 공집합도 있고 합집합도 있다. 그것이 무엇인지 물어봐라. 그렇게 하면 시간이 많이 지날 것 같다."

"예, 알겠습니더."

방학이 되어 형이 와서 상헌이와 공부를 하게 되었다. 형과 공부를 마친 후, 어머니께서는 상헌이에게 이렇게 물었다.

"상헌아! 형한테 질문하였나? 형은 지금 명문 대학에 다니고 있으니까 잘 가르쳐 줬지?"

"네. 제가 형에게 집합이 무엇이냐고 물었더니 형은 참고서를 좀 달라고 하데요. 참고서에 있는 것 말고 형이 평소에 집합에 대해 알고 있는 것을 나한테 말해 주라고 하였더니 15분 동안 말없이 가만히 있다가 이렇게 어려운 질문은 처음이라며 제가 가지고 있는 참고서에 있는 내용을 그대로 말하는 거예요. 저는 확실히 개념을 이해하고 싶었는데, 형으로부터 그 설명을 듣지 못했어요."

라고 말하였다.

울산과학고등학교를 개교하기 위하여 방문하였던 미국의 영재 학교와 호주에 있는 학교 선생님들은 그 학년에서 학습할 모든 교육과정에 대하여 학습 목표를 상세히 기록하여 집으로 보낸다고 하였다. 그것을 보고 부모는 "이번 주에 방정식에 대하여 배우니까 네가 학교에 가지 않으면 안 된다."고 하면서 아이를 학교에 보낸다고 하였다. 또 "그 단원을 배우지 않으면 나중에 어떤 부분이 불편하게 될 것이다."고 아이에게 열심히 배워야 한다고 하였다.

그리고 인도의 교육은 어떠한지 궁금하여 우리나라 경북대학교 교환교수로 와 계시는 어떤 인도 교수를 만나러 간 적이 있다. 그분과 학습에 대하여 의견을 나누었는데, 자기가 옛날에 초등학교 교사였을 때 학급에 들어가 어떤 단원을 공부하자고 하면 학생들이 '이것을 배워서 어디에 사용하며, 어떻게 공부해야 하나요?'라고 질문을 한다고 하였다. 우리가 왜 공부하는지, 그 단원을 왜 배우는지 알아야 더욱 관심을 가지고 공부할 것이며 흥미가 있게 될 것이라고 그 교수는 강조하였다.

그러나 매우 우수한 상헌이의 형도 집합을 왜 배우는지, 그것이 어디에 사용되는지 생각해 보고 공부를 하였다면 상헌이가 원하는 대답을 할 수 있었을 것이다. 이런 일은 이 학생 혼자만의 문제는 아닐 것이다. 당장에 이웃에 있는 공부를 잘하는 학생에게 입체도형이 무엇인지 물어보아라. 그러면 답은 분명히 참고서에 있는 대로만 "1차원, 2차원, 그리고 3차원 …… 뭐" 이렇게 답을 할 것이다. 누구나 이해할 수 있을 정도의 설명을 잘하지 못하는 것은 과정보다 결과 위주로 공부해 왔기 때문일 것이다. 따라서 중·고등학교 시절 개념과 원리를 다양하게 생각하지 않고 문제만 풀었던 형은 집합 문제에 대한 정답은 할 수 있었겠지만 구체적인 설명은 할 수 없었을 거라고 생각한다.

서은지와 처음 해 본 천공법

은지는 지금 일반계 고등학교 1학년이다. 은지는 가끔씩 학교에 놀러오는 귀여운 아이였다. 운동장에 놀러 오는 아이에게 수학을 잘하냐, 얼마나 잘하냐 하고 대화가 시작되었다. 그래서 운동장에 수학 문제를 내고 같이 풀고 하였다. 은지는 과정도 설명을 잘하였다. 자연스럽게 은지와 나는 공부를 시작하게 되었다. 점차 공부하는 시간이 늘어갔다. 은지는 하루에 3시간 이상은 수학과 함께 시간을 보냈다. 어느 날 〈원과 접선〉 단원을 공부하게 되었다. 이 단원은 은지가 다른 아이들보다 가장 먼저 공부하였기 때문에 그 후 지희나 영인이, 다현이까지 시켜 보았다.

그럼 은지와 공부한 것을 계속 이야기해 보자. 먼저 이 단원에 나오는 용어를 정리하도록 하였다. 지름, 원넓이, 반지름, 원주율, 호 등의 내가 생각지도 않은 용어까지 적어 내었다. 그날은 시간의 여유가 많아서 "사전으로 이러한 용어가 어떻게 해석되어 있는지 찾아보자."고 하였다. A4 용지에 한 페이지 정도 써 내려간 용어들과 은지의 잘 쓴 글씨를 보며 마음 든든하였다.

지금까지 이렇게 국어사전으로 우리글을 찾은 것이 몇 개인가를 생각하면서 은지와 나는 다른 사람들이 하지 못하는 것을 해낸 것처럼 생각되었다. 그리고 난 후 은지에게 원과 접선에 대한 용어 설명을 읽어 보고 본문을 천천히 생각하면서 읽어 보라고 하였다. 그리고 읽은 시간을 적어 보도록 하였다. 사실 읽은 시간을 적어 보라고 한 것은 내가 보고 있지 않더라도 다른 곳에 마음 두지 말고 계속 쭉 읽어 내려갔으면 하는 마음에서 시작한 것이었다. 다섯 번 정도 읽고 난 후 은지는 다 알 것 같다고 말하였다. 그렇게 잘 안다면 "한번 적어 보아라." 하였더니 거의 완벽하게 잘 적어 내었다. 알고 있는 내용을 한 번 적어 본다는 것은 매우 중요하다고 느꼈다. 따라서 다른 단원도 은지는 천공법으로 공부하였다. 그렇게 본문을 다 이해하고 문제를 풀어 보라고 하였더니 30분 정도 지나고, 이렇게 말하였다.

"이제는 그만 풉니다."

"그럼 채점해 보아라."

"채점 안 해도 됩니다."

"왜?"

"다 맞았습니다."

"그래!!!"

은지는 문제집에 있는 문제를 반 이상 풀 필요가 없다고 하였다.

처음 시작하는 이병희

겨울 방학이 끝나는 1월 말에 병희가 아버지와 함께 학교로 왔다. 천공법을 꼭 해 보고 싶다고 하였다. 사실 병희는 2009년 9월에 공부방에 처음 다녀갔다. 그 후 혼자서 공부를 하다가 다시 찾아왔다. 주말마다 아버지를 따라서 이곳에 올 수 있다고 하였다. 그래서 병희가 공부할 수 있도록 숙제를 내 주었다. 먼저 수학과 과학 과목을 매일 소단원 한 단원씩 읽고 쓰게

□ 이병희가 천공법으로 공부한 참고서와 읽은 것을 적은 내용

하였다. 단지 그 말만 해 준 것이었다. 병희는 3주째 천공법으로 공부하고 있다. 벌써 수학과 과학 참고서의 반 이상 본문을 공부하였다. 앞으로 2주일만 지나면 수학과 과학 참고서를 마스터하게 된다.

다음은 천공법으로 공부한 병희가 느낀 점을 적은 것이다.

6학년 때부터 친척들은 서울이나 마산에 있는 형들은 공부를 잘하고 나만 못한다고 눈치를 주는 것 같았다. 나는 중학교에 가서는 꼭 잘 해야겠다고 생각하고 중학교를 들어왔다. '이제 공부가 시작되는구나.' 하고 생각하였다.

□ 낱말의 뜻을 사전에서 찾고 있는 병희

그래서 학원에서 공부를 하였다. 학원에서는 본문 내용을 한 번만 훑어 주고 문제만 엄청나게 풀게 한다. 그러고 시험을 치면 꼭 한두 개씩 틀려서 고민을 하다가 아빠가 서울에 계신 큰아버지께 의논을 드렸다. 큰아버지께서는 과학고등학교에 한번 가 보라고 하셨다.

내가 만난 선생님은 친절하게 공부를 해 보자고 하시면서 매일 만날 수 없으니 숙제를 내 주셨다. 그런데 숙제를 받을 때 '내가 이것만 하고 시험을 잘 칠 수 있을까?'라고 내 자신에게 물어보았다.

그리고 본문을 읽고 적는 것을 약 3주 하고 나니 벌써 참고서가 반 이상 진도가 나갔다. 참 뿌듯하고 이제는 학원에서 문제를 풀라고 내 주면 그것에 대한 공식이나 설명이 머릿속에 떠오르니까 바로 풀 수 있는 능력이 생긴 것 같았다. 처음 과학고등학교에 오지 않고 학원에만 의지하였을 때와는 차원이 다르다. 학원에만 의지했을 땐 꼭 본문을 한번 보고 문제를 생각하고 또 본문을 읽고 문제풀기를 반복해야 겨우 문제를 풀었다. 하지만 과학고등학교 교장 선생님을 찾아뵙고 그 공부 방법을 배우고 나니까 그냥 문제를 바로 풀 수 있게 되었다.

그리고 이러한 공부 방법은 혼자서 공부하는 방법인 것 같다는 생각이 들었다. 왜냐하면 문제만 풀기보다는 본문을 생각하고 이해하면서 문제를 풀면 더욱 잘 풀어지기 때문이다. 계속 이 방법으로 공부하는 것은 참 좋은 것 같다. 점점 공부가 잘되고 실력이 쌓여 가니까 일석이조인 셈이다.

그리고 교장 선생님을 찾아뵌 후 꿈이 더 확실해졌고 공부도 하고 싶어졌고 더 열심히 하려는 의지도 생겼다. 그리고 교장 선생님을 뵙게 해 준 아버지와 큰아버지, 어머니가 너무 고맙게 생각되었다. 또한 이런 조언과 방법을 알려 주신 과학고등학교 교장 선생님이 너무 좋고 고마우시다.

이병희

우등생인 김범석

울산시내 중학교 학부모님들로부터 강의를 해 달라는 요청으로 공부 방법에 대하여 강의를 한 적이 있었다. 평소 아이에게 관심이 많았던 범석이 어머니는 나의 특강을 듣고 난 후, 범석이 진학 문제를 상담하러 우리 학교에 오셨다. 그때 범석이를 데리고 왔는데, 범석이가 피아노를 잘 친다고 하였다. 그래서 우리 공부방 학생들에게 피아노를 쳐 줄 것을 요청하였는데, 범석이는 '쇼팽의 즉흥환상곡과 흑건'을 연주해 주었다.

이후 범석이는 매주 일요일이면 공부방으로 와서 피아노를 쳐 주었다. 몇 번째 연주가 있고 난 후, 신종인플루엔자 때문에 공부방이 문을 닫게 되어 범석이의 연주도 끝이 났다.

범석이는 대부분의 과목 성적이 매우 우수한 전교 1, 2등 하는 학생이다. 그리고 다시 공부방 문을 열었을 때, 범석이가 불쑥 찾아왔다. 공부 방법에 대하여 상담을 받아 보고 싶다는 것이었다. 그러나 나는 천공법을 권하지 않았다. 보통 성적이 전교 1, 2등인 학생들은 천공법으로 공부를 하지 않기 때문이었다. 왜냐하면 자기식대로 공부해도 100점을 받을 수 있고, 전교 1, 2등을 하므로, 다른 공부 방법이 필요가

천공법으로 공부하는 범석이

없다고 생각하기 때문이었다. 범석이가 주말마다 공부방에 왔지만, 나는 전교 1, 2등을 하는 다른 아이들과 같다고 생각하였기 때문에 천공법을 시키지 않았다. 그런데 갑자기 범석이는 천공법을 꼭 해 보고 싶다고 찾아온 것이었다. 그래서 범석이가 영어를 공부하고 있는 것을 보게 되었다.

"너는 영어를 어떻게 공부하노?"

하였더니 그냥 다 외운다고 하였다. 모든 과목도 다 그런 식으로 외운다고 하였다. 사실 범석이는 새로운 방법이 있으면 일단 무엇이든지 해 보는 성격이라고 범석이 어머니께서 말씀하셨다. 범석이는 천공법으로 공부하기를 원하였지만, 나는 조심스럽게 접근하였다.

"너 이렇게 한번 해 볼래?"

하였지만 눈치가 보였다. 어머니께는 사실 범석이가 잘 따라 줄지 걱정이 된다고 하였다. 처음에는 범석이가 마지못해 천공법을 공부하는 것 같았다. 그래서 나는 "부담이 되면 안 해도 된다."고 몇 번이나 말하였다. 우선 영어 본문에서 모르는 단어를 사전으로 찾게 하였다. 그런데 한참 시간이 지나도 몇 개의 단어밖에 찾아 놓지 않았다. 잘 적응이 되지 않고 있는 것 같았다.

"천천히 본문을 읽어라. 단어마다 '왜' 라고 생각하면서 읽어 보아라."

그런데 30분이면 다 읽을 내용인데, 두 시간이 지나도 두 번도 읽지 않았다고 하였다. 나는 범석이가 무엇을 하는지 살폈다. 범석이는 원래 자기의 공부 방법대로 문장 전체를 외우고 있었다. 다시 천공법을 설명하였다. 천천히 읽으면서 그 단어가 쓰인 이유를 생각하라고 하였다.

□ 범석이가 공부한 영어 본문

만약 I think you will be interested to hear what it feels like to live in this place.로 시작되는 문장에서 먼저 쉽게 "왜 I를 썼을까? 그리고 왜 think를 썼을까? will은 왜 썼을까?"라고 생각하라고 하였다. 그러면 범석이는 '왜'에 대한 답을 여러 가지로 구상하였다.

처음 천공법으로 공부를 한 범석이는 혼란스러웠다고 하였다. 그러나 주말마다 공부방에 와서 천공법식으로 공부할 때, 개념과 원리를 알기 위해 '왜'라고 자신에게 질문한다고 하였다. 모든 곳에 '왜'라는 의문을 가진다고 하였다. 범석이는 짧은 시간에 많은 내용을 공부하는 방법을 알게 되었다. 그리고 읽은 내용을 A4 용지에 잘 적어 내었다. 늦게 시작하였지만 빠른 시간 내에 잘 적응하여 공부하는 범석이를 보고, 아이들의 성적이 매우 우수해도 적용해 보는 것이 좋다는 것을 확인할 수 있었다. 개념을 알고 원리를 이해한다면 계속해서 문제를 풀 필요도 없고, 암기한 것을 잊지 않기 위해 읽어 보고 또 보고 하지 않아도 될 것이다. 요즈음 범석이는 여유 있게 공부하고 있다. 그리고 범석이는 나에게 편지를 보냈다. 편지 내용을 본인의 양해를 얻어 알아듣기 쉽게 정리하였다.

✉ 📮 **범석이 편지**

저에게 새로운 길을 안내해 주신 도임자 선생님께

저는 호계중학교에 재학 중인 김범석입니다. 저는 생각지도 못한 천천히 공부하는 방법으로 공부를 하니 처음에는 이해가 되는 듯, 안 되는 듯해서 혼란스러웠습니다. 생각은 '왜'를 붙이면서, 사전을 찾아가며 공부를 시작하였지만, 하다 보면 제가 전에 하던 공부 방법을 그대로 하고 있는 자신을 발견하였습니다.

그런데 천공법을 적용하여 영어 단락 하나를 공부하니 암기가 아닌 자연스럽게 머릿속으로 들어왔습니다. 저는 하나의 단락이 쉽게 학습된 것을 느끼고 빨리 다른 단락에 적용하고 싶은 욕구와 내게 더욱 맞는 새로운 공부 방법을 찾은 것 같아 흥분이 되었습니다.

저 외에도 다른 학생들도 대부분 공부하는 방법이 처음엔 질이 중요하다고 생각하겠지만, 시간이 없다고 생각되면 공부 방법보다

"몇 시간 더 했나? 문제집 몇 문제, 몇 권 더 풀었냐?" 등의 양을 더욱 중요시하게 될 것입니다. 저 또한 저에게 맞는 공부 방법을 찾아야겠다고 생각하면서 공부를 하였지만, 시험 일자가 다가오면 무작정 외우기식으로 방법이 바뀌어 버립니다. 어떻게 공부를 하였느냐보다 얼마나 공부하였는지만 생각하게 됩니다. 그래서 시간이 없으니 시험 범위에 있는 내용만 정신없이 외우기만 합니다.

하지만 제가 해 본 이 천공법은 저에게 또 다른 세상을 안내하는 것처럼 이렇게 선생님께 편지를 쓰는 시간에도 계속 기대와 떨림이 계속됩니다. 제가 시도한 것 중에서 영어에 대하여 말씀드리면 영어 본문을 공부해야 하는데, 네 단락을 외우려고 시도하였습니다. 하지만 외우기만 하면 오히려 제가 지치면서 시간은 허무하게 자꾸자꾸 흘러가기만 하였습니다. 아무리 많이 읽어도 진도는 나가지 않고 그대로를 걷고 있는 기분이었습니다. 한두 시간이 흐르고 저는 그 상태로 지쳐가고 있었습니다.

천공법으로 영어 본문에서 하나의 단락을 공부하였는데, 이해하여 내용을 적는 데까지 10분이 걸리지 않았습니다. 그때부터 성취감으로 흥분되어 나머지 세 단락도 단어와 단어를 천천히 연결해 가며, 단어마다 이 단어를 '왜' 사용했을까를 생각하니 저 자신도 모르게 외워졌습니다.

저는 새로운 공부 방법인 천공법의 맛을 알아가면서 자신감을 가지게 된 것이 신기할 따름이었습니다. 천공법은 모든 공부를 언제나 혼자서 준비하는 저에게 너무나 맞는 것 같아 저만을 위해 특수 제작된 공부 비법같이 느껴졌습니다. 이 천공법이 있다면 저의 취약

한 암기 과목뿐만 아니라 과학과 사회 등 주요 과목도 쉽게 공부할 수 있게 될 것 같아서 이 순간에 저는 왠지 모를 자신감으로 또 다른 세계를 향해 달려가고 싶어졌습니다. 이렇게 저를 이끌어 주신 선생님께 정말 감사드립니다.

선생님의 영원한 수제자가 되고 싶은

호계중학교 2학년 김범석 올림

뒤늦게 홈런을 친 다현이

영인이와 함께 찾아온 영인이 이종사촌 다현이는 천천히 다섯 번을 읽고 써 보라고 하면 미련할 정도로 많은 페이지를 써 왔다. 가까이 가서 잘 돌보아 주지 않았는데도 가장 많이 기록을 하였다. 두 달 후에는 영인이가 셈을 낼 정도로 사촌끼리 누가 많이 썼나를 경쟁하듯이 읽고 썼다. 나는 그렇게 읽고 쓰기만 하던 다현이를 자주 돌보아 주지 못해 늘 미안한 생각이 들었다. 하지만 꾸준히 공부하는 다현이가 대견하기만 했다.

2009년 1월부터 공부방에 왔으나 성적은 별로 향상되지 못하였고 전교 80등에 머물렀다. 그리고 여름 방학을 맞이하였다. 여름 방학에는 공부방에 있는 20명의 학생들 모두에게 계획표를 받기로 하였다. 다현이도 열심히 계획을 세웠다가 지우고 또 세웠다. 사실 어머니가 바빠서 자기 집에서 4km나 떨어져 있는 우리 학교에 한 시간 이상을 걸어서 학교에 오

열심히 내용을 적고 있는 다현이

기도 하였다. 버스를 탄다 해도 내려서 학교까지는 20분을 걸어야 한다. 그렇게 열심히 공부방에 다니던 다현이는 성적이 오르지 않아 기가 죽어 있었다.

그런 다현이가 드디어 3학년 기말고사에서 전교 18등을 하였다. 다현이가 홈런을 친 셈이었다. 요즈음은 공부 방법을 안다고 싱글벙글하면서 신종 인플루엔자 이후 개방된 공부방에 결석 없이 찾아와 밤늦도록 공부하고 있다.

5장

천공법을 배가시키기 위한
여러 가지 조언들

팔자 고치는 방법
기본 예절과 인성
공부와 성공을 위하여
놓치기 쉬운 것 2가지 더

사물을 다른 관점에서 보는 것은 어렵지만

그것은 반드시 우리가 해야 할 일 가운데 하나이다.

자기만족에 빠지지 말고 언제나 자신의 생각에 의문을 품어야 한다.

모든 사물에 의문을 품게 하는 것이

진정 아이의 생각을 키우는 길이다.

팔자 고치는 방법

．
．

영인이가 언양으로 오게 된 결정적 계기는 내 말솜씨에 넘어갔기 때문이다. 나는 평소 사람들에게 '팔자 고치는 방법'에 대해 자주 말해 왔다. 영인이가 처음 나를 찾아왔을 때도 팔자 고치는 방법에 대해 이야기했고 그때 영인이는 자기의 팔자를 바꾸고 싶다는 생각이 들어 나를 스승으로 모시고자 결심을 했던 것이다. 영인이는 신기하게도 '팔자 고치는 방법'에 대한 이야기를 듣자 마음이 움직였던 것이라고 하였다.

사람들은 보통 팔자는 바꿀 수 없다고 말한다. 그래서 운명으로 받아들이고 살아가는 사람들이 대부분이다. 그런데 역학에서는 팔자를 바꾸는 방법이 있다고 말한다. 바로 성격을 바꾸면 된다는 것이다. 그런데 생각해 보라. 어디 성격을 바꾸는 것이 쉬운 일인가. 사람들이 성격을 바꾸지 못하니 결국 팔자는 절대 바꿀 수 없다는 말이 생긴 것이다.

우리는 여기서 힌트를 얻을 수 있다. 성격을 고치면 된다. 도대체 어떻게 성격을 고칠 수 있단 말인가. 그것은 좋은 인성을 가지도록 하면 될 것이다. 성격이 급한 사람은 주의해서 조금 천천히 하는 인성을 길러 주면 될 것이고, 남에게 인색한 사람은 조금만 배려하는 인성을 기르게 한다면 좋은 사람으로 느껴지게 될 것이다.

'팔자 바꾸는 방법'은 이미 많이 알려져 있지만, 학생들을 교육시키는 데 적절히 사용하면 좋은 처방이 될 수도 있을 것 같아 여기에 3가지만 소개하고자 한다.

첫째, 봉사를 해야 한다.

보통 사람들은 일주일에 1회 이상 봉사활동을 하기가 어렵다고 한다. 이렇게 어려운 일을 아무 조건 없이 남을 위한 봉사를 계속하면 다른 사람들로부터 존경을 받을 것이고, 반드시 팔자를 바꿀 수 있을 것이다.

둘째, 눈 밝은 스승을 만나야 한다.

사람은 누구나 인생의 중요한 고비마다 가르침을 받아야 길이 열리는 법이다. 눈 밝은 스승은 미래를 볼 수 있는 스승일 것이다. 좋은 스승이 어디 있는지 알아보도록 하여 아이가 스승을 만날 수 있는 기회를 놓치지 않게 해 주어야 밝은 미래가 설계될 것이다. 옛날 부모님들은 아이에게 눈 밝은 스승을 만나게 해 주기 위해 많은 노력을 기울였다고 한다. 아이에게 훌륭한 멘토가 있다는 것은 훌륭한 어머니가 한 분 더 계시는 것이나 다를 바가 없어 팔자가 바뀔 수 있게 될 것이다.

셋째, 독서를 해야 한다.

어떤 분야의 책을 100권 이상 읽으면 생각이 달라지면서 행동으로 실천하게 되는 것은 영인이 어머니의 경우가 그랬다. 나 또한 교육에 깊은 관심을 가지고 교육 분야의 책을 100권 이상 읽어 가면서 사고가 변하는 것을 스스로 느낄 수 있었다. 따라서 100권 이상 책을 읽게 되면 실천할 수 있는 사고가 생기게 된다.

아이를 키우는 부모가 먼저 교육에 관련한 책을 읽는다면 아이 교육을 어떻게 해야 하는지 눈에 보이게 된다. 학생들도 책을 많이 읽은 사람은 대화의 폭이 넓어져 상급학교 진학 시에 유리하게 된다. 입학사정관은 많은 책을 읽은 학생을 놓치지 않고 발견할 것이다.

기본 예절과 인성

TV와 컴퓨터 사용　　영인이 어머니는 학교만 갔다 오면 TV와 컴퓨터를 켜는 영인이를 어떻게 할까 생각하다가 어느 날 TV의 안테나선을 빼 버렸다. 영인이를 위해 과감한 결단을 내린 것이다. 그동안 영인이 어머니도 TV에서 뉴스를 보곤 하였는데, 이제 뉴스를 보지 못하게 된 것이다. 하지만 영인이 어머니는 뉴스는 신문을 보면서 뉴스를 접한다고 한다.

그런데 며칠 후 영인이 어머니가 외출 후 집으로 돌아와 보니 영인이가 안테나선을 이어서 다시 TV를 시청하고 있는 게 아닌가. 영인이 어머니는 '강제적으로 하는 건 소용없구나' 싶어서 가족회의를 한 후 TV를 이웃 사람에게 줘 버렸다.

처음에는 영인이 어머니도 집에 TV가 없으니 집에 있기도 싫고 허전하고 무엇을 해야 할지 몰라 적잖이 당황하였다고 한다. 그러나 막상 TV를 없애고 신문과 책을 읽으니 아이들과 이야기하는 시간이 많아지고 상식도 늘어가는 느낌이 들어 좋았다고 한다. 또 아이들에게 필요한 뉴스를 신문에서 오려 주기도 하면서 자연스럽게 아이와의 관계도 좋아지고 지식이 풍부해져 가는 느낌이었다고 하였다. 어머니는 물론이고, 아이들도 공부하는 시간이 많아지게 되었다고 한다.

아이를 공부하게 하려면 TV 시청 시간은 조정되어야 할 과제임에 틀림 없다. 있으면 독이 되나 없으면 허전하니 대부분의 사람들은 결국 TV에 의해 조정되어 살아간다. 그러나 TV가 아이의 공부를 방해하는 요소가 된다면 이는 부모가 해결해 주어야 한다. 영인이 어머니처럼 하든지, 아니면 TV 시청 시간을 철저히 제한하든지 해야 할 것이다.

영인이 어머니는 또한 영인이가 매일 컴퓨터에 많은 시간을 낭비하는 것 같아 결단을 내리기로 하였다. 1주에 3시간으로 그것도 주말에만 하도록 하였고, 만약에 이를 어기면 용돈을 적게 준다고 하였다. 영인이 어머니는 영인이에게 한 달에 용돈으로 3만 원을 준다. 그런데 주중에 컴퓨터를 사용하면 3,000원을 깎아 버리니 영인이는 손해가 막심했다. 결국 영인이는 어머니 말에 순종하여 컴퓨터를 사용하는 횟수를 차츰 줄여 나갔으며, 시간에 맞춰 컴퓨터를 사용하였다.

영인이 어머니의 컴퓨터 관리는 여기에서 그치지 않았다. 컴퓨터를 당장 노트북으로 바꾸고 어머니가 외출 시에는 노트북을 가지고 다니다가 다시 집으로 돌아오면 학습에 관련된 것만 사용할 수 있도록 하였다. 이 모든 노력은 바로 영인이가 공부할 수 있는 환경을 만들어 주기 위해서였다.

컴퓨터도 TV와 마찬가지다. 아이들은 스스로 절제하는 능력이 부족하기 때문에 방치해 두면 컴퓨터 게임에 빠져 버린다. 그 상태로는 절대 공부에 관심을 가질 수 없다. 그만큼 게임이 재미있기 때문이다. 또 온라인상에는 온갖 음란물들이 나돌고 있으니 더 말할 나위가 없다. 따라서 이에 대한 통제도 반드시 부모가 해 주어야 한다.

영인이의 쓰레기 처리

어느 날 영인이 어머니는 아이의 학교를 방문하게 되었는데 학생들이 과자를 사 먹고 난 후 아무 생각 없이 포장지를 마구 버리는 것을 보고 불쾌한 생각이 들었다.

'도대체 애들에게 기본적인 것도 가르치지 않나?'

그리고 혹시 영인이도 저렇게 행동할까 봐 두려운 마음이 들어 영인이에게 쓰레기를 담을 비닐봉지를 주머니에 넣어 주며 자기가 만든 쓰레기는 반드시 집으로 가져오라고 시켰다. 그리고 집으로 가져오는 쓰레기를 확인하였다고 한다. 그 후 영인이는 밖에서 자기가 만든 쓰레기를 꼭 집으로 가져온다고 하였다.

쓰레기를 함부로 버리는 것은 어느 학교를 가나 공통적으로 볼 수 있는 현상이다. 아이들은 양심에 아무 거리낌 없이 쓰레기를 마구 버린다. 왜 아이들은 자기가 만든 쓰레기를 아무 생각 없이 버릴까? 왜 기본 예절을 지키지 아니 하는가? 기본 예절은 그것을 지키려고 노력함으로써 좋은 인성이 길러지기 때문에 중요하다. 내 아이가 만든 쓰레기를 어떻게 처리하는지 유심히 살펴보고, 잘못된 행동을 하면 반드시 바로잡아 주어야 한다. 영인이 어머니처럼 아예 바깥에서 생긴 쓰레기를 잘 담았다가 집으로 가져와서 버리게 하는 것도 바른 교육 방법이다.

영광이의 인사 예절　　　　영광이는 우리 학교에서 공익근무요원으로 병역 의무를 수행하였다. 영광이는 본교에서 군복무를 마치고 다시 복학하여 대학생으로 돌아갔는데 무슨 기쁜 소식이 있는지 싱글벙글한 얼굴로 다시 본교를 방문하였다.

"제가 이번에 미국의 유명한 대학교에 교환 학생으로 가게 되어 인사드리러 왔습니더."

영어를 전공하고 있던 영광이가 교환 학생으로 선발되어 미국으로 떠나기 전에 인사차 들렀던 것이다. 나는 호기심이 나서 어떻게 해서 교환 학생을 선발하는 시험에 합격할 수 있었는지 물었다.

"그건 제가 인사를 잘하기 때문인 것 같습니더. 평소 인사를 잘하니까 교수님 눈에 띄었고 교수님이 그런 시험이 있으니 준비해 보라 하셨거든요."

영광이는 그 교수님이 친절하게 안내해 주셔서 공부를 열심히 하게 되었고, 결국 그 시험에 합격하였다고 한다. 사실 그 교수님이 아니면 이런 시험이 있다는 사실조차 모르고 지냈을 수도 있었다. 그러나 영광이가 인사를 잘하였으므로 교수는 이 학생이 좋은 인성을 가졌다고 생각해서 영광이에게 안내했을 것이다. 덕분에 영광이는 미국의 유명한 대학에서 공부하고 돌아올 것이다.

나도 영광이가 공익근무요원으로 복무하면서 늘 밝게 웃고 인사 잘하는 모습에서 좋은 인성을 가진 학생이라고 칭찬하기도 하였다. 영광이는 외교관이 되는 꿈을 가지고 있다. 나는 영광이가 분명히 자기의 꿈을 이루게 될 것이라고 믿는다.

이처럼 인사를 잘하는 것은 인생이 바뀔 수도 있을 만큼 중요하다.

인사는 사람과 사람 사이에 지켜야 할 기본 예절이며, 인사를 잘하면 돈 들이지 않고 칭찬받을 수 있는 길이기도 하다. 인사를 잘하는 것은 쉬울 수도 있지만 또 한편으로는 어려운 일이기도 하다. 하지만 인사는 그 사람의 인성을 나타내는 척도이기에 반드시 잘하도록 노력해야 한다. 그래서 나는 영인이를 비롯한 공부방 아이들에게 웃으며 인사하는 생활 습관을 강조하고 있다.

사람을 겸손하게 하는 '절'

'절'은 인사와 다르다. 절은 자기를 낮추고 남을 공경하는 경우에 하는 것이다. 개교 때부터 나는 본교생들에게 귀가(歸家)할 때 선생님들께 절을 드리고 가도록 하였으며, 집에 가는 즉시 조부모님이나 부모님께 큰 절을 드리도록 하였다. 또한 본교를 졸업한 학생들이 찾아오면 교수님을 오랜만에 찾아뵈었을 때는 반드시 절을 올려야 한다고 강조한다. 내가 이렇게 유난을 떠는 이유는 요즈음 젊은이들이 절을 하는 경우가 드물기 때문이다. 나는 최소한 나의 제자들만이라도 다른 어른들께 보다 예의바르다는 말을 들었으면 좋겠다. 그래서 나는 아이들에게 마음으로부터 절을 하도록 항상 당부한다.

성공의 요인 중에서 다른 사람들과 다르게 하면 성공한다고 한다. 설날도 아닌 평소에 절을 하라고 하면 모두 고개를 갸웃거릴 것이다. 그러나 절을 서로 주고받으면 마음을 주고받는 것 같아 상대의 마음속에 오랫동안 간직될 수 있다.

영인이 어머니는 특별한 날에 영인이로 하여금 나에게 절을 하게 한다. 영인이는 원주에 다녀오는 날이나 설, 추석이나 스승의 날에 절을 한다. 특히 스승의 날에는 새벽에 영인이를 데리고 절을 하러 오기도 하였다.

공부하는 태도를 길러 주는 다섯 가지 방법

'어지이불타자 기회야여(語之而不惰者 其回也與)' 라는 말이 있다. 이는 '나의 말을 경청하여 게을리하지 않는 사람은 안회뿐이다.' 라는 뜻으로, 어느 날 공자가 제자들에게 학문을 가르치는데 다른 제자들은 지루해 하고 게으름을 피웠지만, 안회(顔回)만은 끝까지 경청하며 열심히 했다고 하여 안회를 칭찬하였던 말이다. 공자는 안회가 다른 제자들보다도 학문에 열정적이어서 그를 가장 사랑하였다고 한다.

그렇다면 어떻게 해야 아이들에게 공부하는 성실한 태도를 심어 줄 수 있을까? 나는 다음과 같은 다섯 가지 방법을 제안하고 싶다.

첫째, 공부를 하는 이유와 즐거움을 알게 해 주어야 한다.

아이들에게 "너 공부 잘하고 싶나?" 하고 물어보면 모든 아이들이 공부를 잘하고 싶다고 대답한다. 그런데 왜 아이들은 공부를 하지 않는 것일까? 이에 대해 아이들은 단호히 부모님이나 선생님 때문이라고 이야기한다. 이게 무슨 말이냐고 반문할 부모님이나 선생님들이 계실 것이다. 그러나 생각해 보라. 부모님이나 선생님들이 아이들에게 매일 입버릇처럼 하는 말이 무엇인지.

"공부나 열심히 해라."

"공부해라, 공부 좀 해!"

아이들은 이런 말을 귀가 따갑도록 듣는다. 공부 방법도 모르는데 공부를 자꾸만 하라고 하니 책상 앞에 앉아서 책은 펼치고 있으나 다른 생각만 할 뿐이다.

아이들이 공부하도록 환경을 만들어 주고 공부하는지 확인해야 한다. 초 · 중학생이라면 아주 쉬운 공부 방법으로 공부에 재미를 붙이게 할 수 있다.

공부를 해도 성과가 나지 않는 아이들은 지금까지 하던 공부 방법 외에 다른 방법을 모르기 때문에 학교 진도를 따라 갈 수가 없다. 그러니 다른 아이들은 학습 속도가 뛰어가는 것처럼 보이는데 본인은 기어가고 있는 느낌이 들 수밖에 없다. 매일 공부 걱정만 할 뿐, 무엇보다 공부가 재미없고 즐겁지가 않다. 대부분의 아이들은 이런 생각으로 시간을 보낸다.

이런 아이들에게 공부에 관심을 갖게 하고 재미를 붙이려면 어떻게 해야 할까? '한 번 성공하면 여러 번 성공할 수 있다.' 라는 말이 있다. 이 말은 공부에도 그대로 적용할 수가 있다. 즉, 한 과목에서 먼저 성공을 맛보게 해 주는 것이 중요하다. 이 한 과목의 작은 성공은 아이에게 공부하는 즐거움을 일깨워 준다.

먼저 아이에게 자기가 가장 좋아하는 과목을 선택하게 한 후, 그중에서 한 단원을 선택한다. 무슨 과목이든지 먼저 교과서를 읽게 하는데, 이때 천천히 뜻을 이해하면서 읽도록 한다. 읽으면서 관련된 단어가 왜 사용되었는지 생각하도록 한다. 한 번 읽고 나면 시간을 기록하게 하고, 두 번,

세 번, 네 번, 그리고 다섯 번을 읽게 하면서 시간을 기록하게 한다. 또한 수학이나 영어를 공부해야 하는 이유를 적어 보게 하고, 그 단원을 공부해야 하는 이유를 물어본다. 그리고 그것이 우리 생활 어디에서 사용되는지 알아보게 한다. 이렇게 공부하다 보면 아이들은 어느새 공부하는 재미를 느끼게 된다. 그리고 그 과목에서 작은 성공을 거두고 나면 자신감까지 생겨 다른 과목 공부까지 재미를 붙이게 된다.

또 공부를 해야 하는 이유에 대해 처음 아이들에게 물어보면

"시험을 잘 치려고요."

"특목고에 진학하기 위해서요."

"좋은 대학에 가려고요."

하고 답한다. 그러나 천공법으로 공부하고 난 후, 그 이유를 물어보면 이렇게 대답한다.

"자기가 하고 싶은 일을 할 수 있어요."

"집이 없는 사람에게 집도 지어 줄 수 있고, 한비야 씨처럼 굶주리고 있는 세상의 어린이들도 도와줄 수 있어요."

"공부를 잘하면 이러한 모든 것을 이룰 수 있어요."

공부하는 이유를 안다는 것은 매우 중요한 일이다. 왜냐하면 아이들이 공부에 대한 목표를 가질 수 있기 때문이다. 이는 공부하는 것이 지루해지거나 어려워질 때 자신을 채찍질하는 중요한 도구가 된다.

둘째, 용기와 자신감을 심어 주어야 한다.

공부에 대한 용기와 자신감은 아이를 지속적으로 공부하게 하는 가장 커다란 힘이자 무기이다. 아이에게 용기와 자신감을 심어 주기 위해서는 "너

는 할 수 있다, 너만한 아이를 본 적이 없다, 네가 최고다!"라는 말로 칭찬해 주는 것이 가장 좋은 방법이다. 그런데 부모의 경우 이미 생각이 아이에게 노출되어 있기 때문에 신중하게 칭찬을 해야 한다. 따라서 다른 사람을 (친구나 교사 등) 통해서 칭찬의 분위기를 만들어 주는 것이 더욱 효과적이다.

셋째, 공부할 분위기를 만들어 주어야 한다.

만약 아이가 학교에 갔다 돌아왔는데 부모가 TV를 보고 있으면서 아이에게 공부하라고 하면, 부모의 말을 듣고 제대로 공부하는 아이가 얼마나 될까? 어머니는 책을 읽고 아버지는 공부를 하는 집안 분위기라면 아이들도 자연스럽게 따라 공부하게 될 것이다.

이처럼 가정에서 아이가 공부할 수 있도록 학습 분위기를 만들어 주는 것이 중요하다. 그러나 대부분의 부모들은 이것을 실천하기가 거의 불가능할 것이다. 이럴 때 우리는 차선책을 찾아야 한다. 즉, 공부할 수 있는 분위기가 되어 있는 곳으로 아이의 공부 장소를 옮겨 주어야 한다. 이때 그 장소가 눈 밝은 스승과 함께 하는 곳이라면 아주 좋을 것이다.

넷째, 아이의 눈높이에 맞춰 함께 대화해야 한다.

아이와 같이 운동하고, 게임하고, 농구하고, 자전거를 타면서 놀아 주어야 한다. 그리고 학교에서 있었던 일들을 들어 주어야 한다. 이렇게 하는 이유는 아이가 무슨 생각을 하고 있는지 알기 위해서이다. 나는 이를 실천하기 위해 개인 약속을 최대한 줄이고 아이와 함께 있는 시간을 많이 가졌다. 그리고 함께 마을을 거닐고 운동장에서 놀아 주었다. 농구할 때에 옆에 있어 주기도 하고 잘한다고 칭찬해 주기도 하였다. 가끔씩 말을 안 들을 때면 속이 상하였지만, 그때마다 내 마음을 다스리면서 학습 진도를 맞춰 나갔다.

탈무드에 "교사가 무섭게 하면 아이는 배울 마음의 여유가 없어져 버린다."는 말이 있다. 공부하는 아이로 만들기 위해서는 그 아이와 친구가 되어 주어야 한다. 나는 특히 수업 첫날은 모든 것을 제쳐 두고 아이와 함께 노는 데 시간을 보낸다. 아이와 눈높이를 맞추기 위한 것이었다.

트럼프도 같이 치고 운동을 하면서 친구처럼 놀아 주었다. 그리고 처음에는 학습 시간을 최소로 하면서 공부하게 하고, 하루하루 조금씩 눈치 채지 못하게 양을 늘려갔다. 아이가 지루해 하면 가끔씩 피아노를 치게 하거나 드럼을 치게 하기도 하였다. 또 아이들은 대부분 운동을 좋아하기 때문에 운동장에 나가 놀게 하였다. 그렇게 해서 나에 대한 부담감과 경계심이 없어졌다고 느껴질 때, 나는 비로소 본격적으로 아이에게 공부를 시켰다.

다섯째, 잠이 오면 재워야 한다.

잠이 온다는 것은 생리적인 현상이다. 낮에 잠이 온다는 것은 분명히 전날 밤 잠이 부족하였거나 습관이 잘못되어 생기는 현상이다. 그렇다고 조는 아이를 무조건 야단치거나 재우지 않는다고 해서 아이가 공부를 더 잘할 수 있는 것은 아니다. 또 졸리는데 억지로 참는 것은 건강에도 좋지 않다. 그래서 나는 아이들이 "잠이 와요.", "좀 쉬었다가 할게요.", "산책 좀 하고 오겠어요."라고 말하면 항상 그대로 받아 준다.

"그래, 조금 쉬었다가 하자."

공부와 성공을 위하여

:

**공부하게 하려면
자존심을 건드려라**

내가 중학교 3학년 때의 일이다. 고등학생
인 이웃 선배가 느닷없이 "너, be동사가 뭔지
알아?"라며 물어왔다. 당시 그 선배는 내가 중
학교 3학년이니까 그 정도는 알겠지 생각하고 그런 질문을 한 것임에 틀
림없었다. 그러나 나는 갑자기 묻는 질문이기도 하였지만 한마디로 답하
기에는 도무지 be동사가 무엇인지 생각나지 않아 얼버무리고 말았다. 그
리고 가만히 생각해 보니 나는 진짜 be동사가 무엇인지 모르고 있었다.
중학교 3학년이 아직 be동사를 모르고 있다니 갑자기 부끄러웠다. 그리
고 나 자신이 정말 형편없는 존재라는 생각이 들었다. 그날 밤 나는 슬며
시 사전에서 be동사를 찾아보았다. 심하게 자존심이 상한 나는 이를 계기
로 영어 공부를 시작하게 되었다.

그리고 또 어느 날, 친구가 어려운 한자(漢字)를 한 자씩 적어 와서는

"너, 이 글자가 무슨 자인지 알아?"라고 물었다. 나는 처음 보는 그 한자에 대하여 답을 하지 못하였다. 아는 글자가 아니었다. 그런데 그게 끝이 아니었다. 그 친구는 다음 날도 그 다음 날도 계속 한자를 물어왔다. 나는 평소 그 친구보다는 내가 공부를 더 잘한다고 생각하고 있었는데 자꾸만 모르는 한자를 물어오니 기분이 나빠졌다. 그래서 그 친구를 피해야겠다고 생각하였다. 그런데 그 친구는 내 생각과 상관없이 자꾸만 찾아와 한자를 물어보는 것이었다. 나는 답을 못하는 것도 한두 번이 아닌지라 자존심이 상할 대로 상하였다. 결국 나는 그때부터 한자 공부를 하기 시작했다.

아이들도 마찬가지다. 공부와 담을 쌓고 있는 아이가 있다면 살짝 자존심을 건드려 주면 오기가 발동해 공부를 시작하게 할 수 있다.

한 단어부터 자신감을 길러 기쁨을 주어라
– 한 단어, 한 문제, 한 과목

여러 과목 중에서 한 과목을 굳이 잘하게 해야 하는 이유는 앞에서도 몇 번 이야기했었다. 한 과목을 잘할 수 있다면 같은 요령으로 다른 과목도 잘할 수 있기 때문이다.

만약 수학을 공부한다면 책 전체에 어떤 내용이 있는가를 완전 파악한 후, 각 단원을 학습해야 한다. 한 단원의 학습이 완벽히 되어야 다른 단원도 잘할 수 있을 것이다. 한 낱말의 개념을 파악해야 한 문장을 이해할 수 있으며, 한 문장을 이해한다면 전체를 이해하게 될 것이다.

어떤 문제에 대하여 오랫동안 생각하다 보면 어느 순간에 정답을 얻을 수 있다는 것을 알게 된다. 그렇게 되면 그 문제의 답만 구하는 것이 아니라 그 주변 문제의 답까지도 얻을 수 있게 된다. 한 낱말의 뜻을 정확하게 파악한다면 문장 전체를 이해하는 데는 어려움이 없다. 독일의 초등학교 수학 수업은 숫자 1~10까지 배우는 데 1년이 걸린다고 한다. 기초를 강조하는 독일의 교육은 나에게 많은 생각을 하게 한다.

나는 중학교에서 10년을 근무하다가 일반계 고등학교로 옮긴 적이 있다. 처음 고등학교 2, 3학년 수업을 하게 되니 솔직히 모르는 분자식도 있었고, 내가 언제 화학을 전공하였는가 싶을 정도로 아는 분자식이 몇 개 되지 않았다. 공부하는 것 이외에는 여유의 시간이 없었다. 손에서 책을 놓지 않을 정도로 책과 함께 살았다. 모르는 문제를 만나면 참고서를 찾아보기도 하고 생각에 생각을 거듭하면서 문제를 풀었다.

처음에는 워낙 기본 지식이 없어 문제를 풀면 나 자신이 문제 속으로 빠져들어가 다른 문제를 풀 수 없었다. 그러나 계속해서 원리를 생각하고 또 생각하면서 문제를 풀면 결국 문제 밖으로 나오면서 이 문제와 저 문제를 연결하기도 하고 공통점과 다른 점을 찾는 눈을 가질 수 있었다. 그리고 책 전체의 내용이 이해되면서 어려운 문제도 풀 수 있게 되었다. 그때 나는 손뼉을 수십 번 쳤으며, 모든 사람이 잠든 밤중에 쾌재를 부른 적도 있었다. 내 인생이 바뀌는 기분이었다. 이런 기분 좋은 세상이 있다는 것을 미처 몰랐던 것이다. 아이들에게도 이런 기분을 느끼게 한다면 공부에 빠져들 수 있을 것이라 생각되었다.

아이들에게도 한 문제를 풀어낼 때 기쁨을 느낄 수 있는 기회를 만들어 줘야 한다.

사고력을 기르면
실력도 배가된다

늘 공부법에 관심이 많았던 나는 어느 날 과학 고등학교 학생들에게 공부를 잘하게 된 계기를 말해 보라고 하였다. 그랬더니 한 학생이 다음과 같은 이야기를 하였다.

초등학교 때 컴퓨터 학원을 다녔는데, 그 컴퓨터 선생님은 자격증 공부에 필요한 진도를 나가기보다는 어려운 문제 하나를 내고는 풀어 보게 하는 공부를 시켰다. 선생님이 진도는 나가지 않고 문제만 풀라 하고 쉬고 있으니 마치 놀고 있는 것처럼 보여 다른 어머니들은 모두 자기 아이들을 다른 학원으로 옮겨 버렸다고 한다. 그러나 그 학생은 학원에 남아 문제 푸는 일을 계속했다. 결국 다른 학원으로 옮긴 아이들은 자격증을 다 따고 본인만 자격증을 못 땄지만 혼자서 문제를 이리 풀까 저리 풀까를 고민하다가 어떤 문제를 보든 생각하는 습관이 길러졌다고 한다. 그 후로 아주 어려운 문제를 만나게 되어도 생각하기를 계속하면 문제는 풀린다고 하였다.

본교의 수학 수업 방법은 특이하다. 어떤 문제를 칠판에 적어 놓고 풀이를 시킬 때, 풀이를 할 수 있는 한 학생이 나와 풀고 있으면 다른 방법으로 풀 수 있는 학생도 나와 다른 칠판에 문제를 푼다. 그리고 또 다른 방법이 있는 학생은 또 다른 칠판에 풀이 과정을 적는다. 그런데 앞의 과학고등학교 학생은 초등학교 때부터 혼자 생각하면서 문제를 푸는 습관이 길러져서 어떤 문제를 내어도 독특하게 문제를 풀어낸다고 한다.

생각하는 사람이 되라
– 학문의 즐거움

내가 읽은 책 중에서 생각에 생각을 거듭하여 문제를 풀이한 〈학문의 즐거움〉을 소개하고자 한다. 이 책에서는 생각을 해야 공부도 성공하고 인생도 성공할 수 있다고 주장한다.

이 책의 저자인 '히로나카 헤이스케'는 수학자로서 수학의 노벨상이라 할 수 있는 '필드상'을 받았다. 이 책을 읽다 보면 마치 설명을 잘해 놓은 참고서를 읽는 것 같은 느낌이 든다. 이 책에는 수학뿐만 아니라 다른 과목과 인생을 사는 방법까지 들어 있다.

공부하는 것이 과연 즐거운가? 여러분들은 '왜 공부하는지, 왜 배우는지에 대해 진지하게 고민해 본 적이 있는가? 이 책을 처음 읽었을 때는 내가 공부의 고민에서 벗어났던 시기였기 때문에 별 감동을 받지 못하였다. 그 후, 과학고등학교 개교를 준비하면서 나는 이 책의 주인공이 수학의 노벨상인 '필드상'을 받은 것이 생각나서 다시 읽게 되었다.

이 책의 저자인 '히로나카 헤이스케'는 '특이점 해소'를 위해 생각에 생각을 거듭하였다. 결국 그는 10년 동안 생각한 끝에 답을 얻었다. 우리가 어떤 문제에 부딪혔을 때 그 문제를 해결하려면, 시간과 시간 속에서 그에 따르는 노력을 할 때 답을 찾게 된다. 우리는 아르키메데스가 목욕탕에서 왕관의 부피를 구한 방법을 알고 있지 않은가. 그것은 그 문제에 대하여 깊이 생각하고 있었기에 답을 찾을 수 있었던 것이다. 그는 수학 문제를 풀 때, 문제의 입장에서 생각하여 나중에는 문제가 자기인지 자기가 문제인지 서로 융합된 상태가 되어야 비로소 해결의 실마리가 되는 발상이 떠오르거나 법칙을 찾게 된다고 하였다. 그래서 항상 문제와 함께 잠자고 문제와 함께 생활하였다고 한다.

하버드 대학교의 보트(Bott) 교수는 헤이스케에게 "문제와 함께 잠자라 (Sleep with problem)."는 말을 하였는데, 그는 교수의 충고대로 '특이점 해소'와 함께 생활하였다. 상대방의 입장에서 생각하다 보면 상대방과 일체가 되어 자기가 상상하지 못했던 문제의 원인이, 자기 혹은 상대방 안에서 발견될 때가 있다는 것을 그는 누구보다도 잘 알고 있었던 것이다.

개미나 나무가 사람을 바라볼 것이라고 생각한 '베르나르 베르베르(프랑스의 소설가)'를 잘 알고 있지 않은가. 문제와 함께 잠자고 세수하며, 공부하고 산책하라. 그러면 문제가 마음의 문을 열고 내다볼 것이며, 예상치 못한 우연한 곳에서 해결의 실마리를 찾게 될 것이다. '히로나카 헤이스케'와 같은 끈기를 가지고 문제의 입장에서 문제를 생각한다면 반드시 승리할 것이다.

생각하는 것은 어떠한 어려운 문제라도 해결할 수 있게 해 주는 황금 열쇠이다. 사람이 풀 수 없는 문제는 없다고 한다. 그래서 생각하는 문제를 많이 다루어야 생각하는 사람으로 성장할 수 있다. 요즈음은 취업에서나 대학 입학 문제에서도 자기의 생각을 논리적으로 답하는 사람만이 합격할 수 있다고 한다.

1만 시간을 투자하라
- 1만 시간의 법칙

말콤 글래드웰이 쓴 〈아웃라이어〉에 보면 '1만 시간의 법칙(The 10,000-Hour Rule)'이라는 말이 나온다. 이 책에서는 성공한 사람들의 삶에서 공통적으로 찾아낼 수 있는 성공 요인을 다루고 있다. 그중에서 성공한 사람들 대부분이 자신의 분야에서 성공하기 위해 1만 시간을 투자하였다는 사실이었다. 저자는 작곡가, 야구선수, 소설가, 피아니스트 그 밖의 어떤 분야에서든 이 수치만큼 시간을 투자한 사람이 성공한 것을 확인할 수 있었다고 한다. 1만 시간은 대략 하루 3시간, 일주일에 20시간씩 10년간 연습해야 하는 시간이다.

이를 공부에 적용해 보자. 1만 시간을 채우려면 얼마나 공부해야 할까? 나는 그동안 천공법으로 많은 아이들을 공부시키며 크고 작은 성공을 맛보았다. 그런데 여기에서도 1만 시간의 법칙과 비슷한 법칙이 적용됨을 발견할 수 있었다. 즉, '100의 법칙'이다. 아이들이 하루 3~4시간씩 100일을 공부한다면 작은 성공을 맛볼 수 있다. 이것은 공부방에서 얻은 경험을 이야기하는 것이다. 갓난아이가 100일 지나면 목을 가누게 되고 잘못된 습관도 100번을 잔소리하면 좋은 습관으로 바꿀 수 있다.

일본에 출장을 다녀온 어떤 아버지는 자기 집의 현관에 아무렇게나 놓인 신발을 보고 자기 가족과 일본인들의 신발 관리에 차이가 있다고 생각하였다. 그 후 자기 집의 현관에도 신발을 가지런히 놓을 수 있는 방법을 연구하였다. 일주일에 3~4차례씩 신발을 가지런히 놓아야 한다고 6개월을 강조하였더니 일본인들처럼 신발을 가지런히 벗어 놓게 되었다고 한다. 이것도 계산해 보면 100번을 잔소리한 결과였다.

100번을 강조하는 이유는 아무리 작은 일도 기본적으로 100번을 하지 않고는 성공할 수 없기 때문이다. 하루에 3~4시간씩 100일 동안 공부를 하면 상황이 달라져 1만 시간으로 갈 수 있는 길을 모색하게 된다. 나 또한 하루에 13시간씩 3개월을 공부하여 학점을 딴 과목이 있었다. 그때 나는 '하면 된다' 는 자신감을 얻을 수 있었다.

수학의 중요성을 알아야 한다

미국뿐만 아니라 모든 강대국들은 수학의 중요성을 강조해 왔으며, 나폴레옹은 '수학은 국력' 이라고까지 하였다. 중국도 수학을 강조하고, 인도의 경우 구구단을 19단까지 하고 있으니 더 말할 필요가 없다.

중학교 2학년이었던 지희의 경우를 살펴보자. 2학년이 되자 갑자기 수학이 어려워지고 싫어졌다. 외운다고 되는 과목도 아니니 벼락치기도 못한다. 수학 시간만 되면 가슴이 울렁거리고 멀미를 할 것만 같았다. 무엇보다 지희는 왜 수학을 공부해야 하는지 그 이유를 몰랐다. 오로지 좋은 대학에 진학하기 위한 수단이라는 것밖에는.

여러분들은 수학을 공부하는 이유를 아는가? 어떤 사람은 진정한 자유를 얻기 위해 수학을 공부한다고 말한다. 수학은 자유다. 사고의 자유다. 사고의 자유를 누리기 위해서는 수학을 해야 한다. 손잡이가 없는 종이컵에 손잡이를 붙이는 사고(思考), 혼자서 일을 하는 로봇을 만드는 사고(thinking), 이러한 사고를 하기 위해서는 수학을 해야 한다는 것이다.

초등학교 6학년이 되면 수학이 어려워져 수학을 싫어하는 아이들이 많아진다. 그리고 중학교에 가면 진짜 열심히 해서 좋은 성적을 얻을 것이라고 생각하는 아이들은 많지만 중학생이 되어도 마음대로 되지 않는다. 수학은 계단식 과목이다. 절대 높은 계단을 한번에 뛰어올라 갈 수 없다. 사실 이것은 다른 과목도 마찬가지다. 기초 없이 무엇을 할 수 있겠는가.

생각을 해야 해답을 얻을 수 있는 수학은 생각하는 습관을 들여야 잘할 수 있다. 그러나 수학은 생각하는 힘을 길러 주어야 답을 얻을 수 있다. 그러나 생각하는 습관을 기르는 것은 쉽지 않다. 이것은 하루 아침에 이루어지는 것이 아니라 꾸준한 연습을 통해서 생겨나는 것이다.

세계 최대 부호인 미국 마이크로소프트(MS)사의 빌 게이츠 회장은 처음에 하버드 대학교 법학과에 입학하였지만 나중에 수학과로 전과하였다. 그는 자신이 집필한 저서 〈미래로 가는 길〉, 〈생각의 속도〉 등에서 수학적 사고력·상상력이 중요하다고 말하고 있다. 또 미국 상원 청문회 연설에서도 미래에 살아남기 위해서는 수학 교육을 더욱 강조해야 한다고 주장하였다.

우리는 아이의 수학 실력이 어떠한지 정확하게 진단한 후, 앞으로 어떻게 수학 과목을 학습할 것인지 계획하고 실천해야 한다. 힘들지만 수학을 공부해 두는 것이 자신의 평생 설계에 두고두고 큰 도움이 될 것이기 때문이다. 답이 무엇인지 찾는 것보다 문제가 무엇인지 알아야 한다. 아이들은 문제는 모르고 답만 기억한다. 요즈음엔 1번의 정답은 무엇인가, 결론이 어떻게 났나 하는 식의 결론과 답을 빨리 아는 사람이 우수한 학생이라고 평가받고 있다. 그러니 문제가 무엇인지 정확하게 알려고 하는 아이들이 드물 수밖에 없다. 문제를 정확하게 알면 답은 반 이상 해결한 것이나 다름없다.

언젠가 하버드 대학교에 갔을 때, 한 가이드가 했던 말이 떠오른다.

"하버드 대학교 교수님들의 실력은 어떨까요? 사실 학생보다 실력이 못한 교수도 있을 수 있지만 학생과 다른 점은 그 문제를 어떻게 해결할 것인지 안내만 하지 절대 답을 찾아 주지 않는다는 것이지요. 즉, 사고하는 방법을 알고 계신다는 것입니다."

놓치기 쉬운 것 2가지 더

.
.

발표력 기르기　　　우리나라의 학생들은 대부분 발표력이 부족하다. 특히 지방의 경우는 더욱 그러하다. 아마도 문제풀이나 암기 위주로 하는 학습 방식 때문인 것 같다. 또 초등학교 고학년이 되면서 제대로 말을 하려고 할 때, 어른들의 이런저런 지적으로 인해 위축되었기 때문에 그럴 수도 있다. 무엇보다 아이들이 실제로 발표해 보는 경험이 부족하기 때문에 발표력이 떨어지게 된다.

여기에 중국의 교육 방법 중 한 가지를 소개하고자 한다. 중국의 많은 학교에서는 어릴 때부터 수업 시작하기 전에 3분 스피치를 학생들에게 시킨다. 이런 교육을 받은 중국의 학생들은 어떤 장소나 모임에서든지 자기의 표현을 쉽게 할 수 있다. 그리고 중국의 칭화(清華 청화) 대학에서는 이른 아침 영어책을 읽는다든지 외운 것을 말하는 모습을 학교의 곳곳에서 쉽게 볼 수 있다고 한다. 이런 문화 속에 있는 학생들은 당연히 남들 앞에서 자기의 생각을 표현하는 것이 그리 어렵지 않을 것이다.

나도 우리 과학고등학교 아이들의 발표력을 키우기 위해 아침 전체 조례 시간에 학생들에게 개인 발표를 시킨다. 이는 자기가 주제를 정하고 연구하여 발표하는 것인데, 대부분의 학생들은 메모를 해 오고 그것을 읽어 내려간다. 대중 앞에서 발표를 한다는 것은 한 사람이 대중과 대화를 하는 것이다. 써 온 것을 읽어 내려가는 것은 대화가 아니고 일방적인 전달이다. 우리가 대화라고 하면 말로써 주고받는 방법도 있겠지만 눈으로 주고받는 것도 있다. 말하면서 대중의 표정이나 분위기를 읽으면서 자신이 전달하는 내용의 효과를 감지해야 한다.

우리 학교 학생들의 발표 중에서 특히 기억에 남는 주제가 '떨림증'이었다. 한 학생이 떨림증을 발표하면서 계속 떨고 있었다. 나 역시 대중 공포증이 있어 대중 앞에서 말하려면 많이 떨게 되므로 계속 반복하여 연습하고 생각하면서 말을 한다. 한번은 이 떨림증에 관하여 신문에 칼럼을 게재한 적도 있었다. 그때 나는 떨림 방지가 '실력'이라 생각한다고 주장하였다. 그 분야에 실력이 있다면 떨지 않고 발표할 수 있는 것이다. 그러나 학생들이 한 번에 실력을 높이는 것은 어려운 일이다. 따라서 3분 스피치를 연습하여 장소를 가리지 않고 발표할 수 있는 기회를 마련해 주고 끝났을 때 칭찬해 주면 더 자신 있게 자기의 생각을 표현할 수 있을 것이다.

어릴 때 아버지께서 나에게 항상 들려주신 말씀이 있다. 사회에서 성공하려면 '지식이 높든지, 판단을 잘하든지, 말을 잘해야 한다'는 것이었다. 특히 요즈음에는 '1페이지 요약 보고'나 '엘리베이터 내 2분 보고'가 일상화되어 있다. '엘리베이터 내 2분 보고'란 엘리베이터가 위층까지 올라가는 동안 상사에게 업무 보고를 하는 것이다. 만약 보고를 마치기도 전에

엘리베이터가 도착하였다면 이 보고는 실패로 간주된다. 자기가 해야 할 말을 논리적으로 잘 요약하여 말하는 것은 성공의 필수 요소인 것이다.

나는 학습법을 상담하러 오는 아이들에게 가장 먼저 자기소개를 해 보라고 한다. 대부분의 아이들은 자기소개를 어떻게 하는 것인지 모를 뿐만 아니라 하더라도 마지못해 한다. 그러니 기어들어가는 소리로 '~~학교 ~학년 ○○○입니다.'라고 자신 없이 말하는 것이 전부다. 어릴 때부터 말하는 연습을 하지 않고 커서 어떻게 말을 잘할 수 있겠는가? 말하는 연습을 어릴 때부터 한다면 스트레스를 받지 않고 발표력을 기를 수 있을 것이다. 그래서 나는 학생들을 만나면 먼저 자기소개를 해 보라고 한다.

혼자 여행하기

우리 울산과학고등학교에서 하는 행사 중에서 가장 효과적인 결과를 가져온다고 생각되는 것이 바로 '혼자 가는 여행'이다. 이는 학생들이 여행 계획을 스스로 기획하고 실시하는 행사이다. 이때 누구와 함께 가서는 안 되고 반드시 혼자 가야 한다. 혼자 계획을 세우고, 밥을 먹고, 길을 걷고, 기차를 타고, 물건을 사게 하는 것이다. 자유롭게 생각하고 자유를 위해 떠나는 여행이다. 1박 2일 동안 목적지를 정해도 되고 정하지 않아도 되며, 가다가 정할 수도 있다.

울산과학고등학교 1기 학생들에게 여행 후 느끼고 배운 것을 발표하게 한 적이 있었다. 그런데 놀라운 것은 전체 학생 중 단 한 명도 메모지에 적어서 보고 읽거나 말을 더듬거리거나 떠는 학생이 없었다는 사실이다. 자연스럽게 있는 그대로 말하면서 청중들에게 감동을 주었다.

살아 있는 학습이었다.

그 후부터 아이를 상담하기 위해 나를 찾아오는 학부모에게 이런 혼자 가는 여행을 권하곤 하였다. 영인이에게도 맨 처음 권한 것은 '혼자 가는 여행'이었다. 영인이 어머니께는 약간의 현금과 카드만 주도록 말씀드렸다. 이미 어머니는 영인이와 함께 경복궁이나 박물관 등을 다녀온 적이 있었다. 그런데 나중에 가 본 곳에 대해 물어보니 거의 기억하지 못하였다고 한다. 그런데 이번에는 중학교 2학년인 영인이 혼자 여행하게 한 것이다.

자유인이 된 영인이가 처음 찾아간 곳은 서울 동대문이었다. 우선 고속버스를 타고 서울에 도착한 후, 고속버스터미널 역에서 혼자 지하철 노선표를 보고 동대문이라고 적혀 있는 곳으로 지하철을 타고 갔다. 그리고 동대문에 있는 시장과 쇼핑몰을 둘러보았다.

영인이가 무사히 돌아왔을 때 가슴 조였던 영인이 어머니는 영인이를 꼭 안아 주었다. 그리고 나에게 고맙다고 했다. 선생님이 아니었으면 평생 생각지도 못할 교육을 할 수 없었을 거라고 하였다.

대부분의 부모는 아이를 온실 속의 화초처럼 키우고 있다. 이렇게 키우면 아이가 강하게 자랄 수 없다는 사실을 알면서도 세상이 하도 험하니 지레 겁을 먹고 그러는 것이다. 하지만 구더기 무서워 장 못 담글까. 아이를 약하게 키운다면 그 아이의 미래는 누가 책임진단 말인가. 아이를 제대로 강하게 키우기 위해서는 부모의 용기가 반드시 필요하다.

영인이는 이렇게 혼자 동대문을 갔다 온 후, 지하철 몇 호선을 타면 그곳으로 가는지, 요금이 얼마인지, 또 어디로 가면 무엇이 있는지를 1년이 지난 지금도 기억한다고 하였다. 중학교 2학년인 영인이는 혼자 거대한 서울 시내를 여행하면서 마치 자신이 여행가가 된 기분이었다고 한다.

6장

천공법으로
참교육 살리기

문제풀이 문화를 바꿔야 한다
아이에게 진짜 실력을 높여 주는 천공법

천공법은 의문에서 시작하여 스스로 답을 얻는 길이다.

이 방법으로 공부할 때 어른의 도움이 필요한 시기는

중학교 3학년까지이다.

그 이상이 되면 어른의 참견이 아이에게

받아들여지기 힘들기 때문에 별다른 도움을 주기가 어렵게 된다.

문제풀이 문화를 바꿔야 한다

.

**문제풀이에만
매달리는 아이들**

어떤 중학생이 어머니와 함께 과학고등학교를
방문하러 왔다. 공부를 아주 잘한다고 하길래,
"교과서 가지고 있나? 아니면 네가 가지고 온 참
고서나 문제집 좀 보자." 하였더니 문제집을 보여 주었다.

그런데 아이의 문제집에는 빨간 동그라미가 페이지마다 많이 그려져
있었다. 동그라미가 그려진 곳까지가 공부한 곳이었다. 공부는 과연 잘하
고 있었다. 그 많은 문제를 다 맞혔을 정도니까.

이후에, 학교를 방문한 학생도 역시 참고서나 문제집을 펼쳐 보면 참
고서보다 문제집에 손때가 더 많이 묻어 있고 구겨져 있었다. 이 학생
역시 모든 문제를 다 맞혔다는 표시로 동그라미가 문제마다 페이지마
다 가득하였다. 그 후 방문한 아이도 같은 상황이었다. 모든 시험은 문
제를 정확하게 맞히기 위한 것이기 때문에 문제풀이로 시험 대비를 한

것이었다. 그런데 사실상 개념이나 원리에 대하여 질문해 보면 정확하고 상세하게 설명하지 못하는 학생이 대부분이었다. 게다가 문제를 풀다가 모르면 다시 본문으로 돌아가 읽어 본 후 그 문제를 푼다. 적어도 시험을 위해서 본문의 내용을 다 알고 문제풀이를 하고 있지 않기 때문이다.

나는 이렇게 문제부터 풀어 보는 학생들을 많이 만나면서 고민이 생겼다. 아이들은 본문의 내용도 모르면서 또 무엇을 묻는 내용인지도 잘 모르면서 문제를 해결하려고 한다.

요즈음 아이들에게 다음과 같이 질문해 보자.

"'학생'이 사전에 어떻게 설명되어 있노?"

"'밥'의 정의는 뭐꼬?"

"'나무'는 사전에 어떻게 설명되어 있노?"

"'하늘'이 뭐냐?"

"'어머니'의 뜻이 뭐냐?"

"'책' (冊)은 어떻게 설명할 수 있나?"

"'돈'의 정의를 말하라."

보통의 아이들에게 위와 같은 질문을 하면 국어사전을 한 번도 찾아보지 않은 아이도 있었다. 그리고 아직 개념 정의를 해보지 않아 자신 있게 발표하지 못하고 남 앞에서 떨리고 기가 죽게 된다.

그러나 매일 몇 개의 용어를 사전으로 찾아가며 자연스럽게 익히게 되면 아이의 어휘는 어느새 폭발적으로 늘어갈 것이며, 말에 힘이 들어가서 남 앞에서도 당당하게 말할 수 있게 될 것이다. 공부방의 학생들에게 국어사전을 사용한 적이 있는지 물어보면 한 번도 사용한 적이 없다고 말하는 아이들이 대부분이었다. 하물며 영어사전도 사용해 본 적이 없는 아이도 있었다. 이때 아이에게 "사전을 사용하여 공부하는 사람은 우리나라에서 너 혼자뿐일 것이다."라고 하면 '특별한 방법으로 자신이 공부하고 있다'고 생각하는 아이도 있다. 그렇게 하면 다른 아이들보다 실력 있는 사람으로 성장하게 될 것이다. 국어 과목을 잘하면 사회 과목은 저절로 잘 할 수 있게 될 것이고, 말뜻을 쉽게 이해하니 다른 과목의 문제풀이 또한 어렵지 않게 된다.

내가 학창 시절 공부할 때만 해도 오로지 교과서나 참고서 본문을 중심으로 공부하였다. 문제풀이는 시험이 다가오면 문제를 만들어 보며 시험 준비를 하는 것이 고작이었다. 그 당시는 출판물들의 양이 적은 원인도 있었고, 그 많은 책들을 사기가 경제적으로 어려웠기 때문이기도 했다.

그런데 요즈음에는 학습에 관한 참고서나 책들이 너무나 많이 시판되고 있다. 당연히 부모나 아이들은 다양한 문제를 다루어야 좋은 성적을 얻는다고 생각한다. 그런 이유라고 한다면 새로 출판되는 문제집은 모두 다 풀어 보아야 좋은 성적을 얻을 수 있게 될 것이다. 그렇다고 서점에 나와 있는 문제집을 다 사서 풀 수는 없는 노릇이다.

문제를 많이 풀어 본다면 어떤 일이 생길까? 당장이야 문제를 많이 풀어 비슷한 유형의 시험 문제가 나온다면 성적 향상에 유리할 것이다. 그러나 그 아이의 기본 실력은 장담할 수 없다. 이는 기초를 제대로 세우지 않고 그 위에 집을 짓는 것과 다름없기 때문이다.

그렇다면 왜 이런 교육 풍토가 생겨났을까? 아마도 내 아이의 시험 성적을 빨리 향상시키고자 하는 부모나 학교, 학원 선생님들의 조급한 마음 때문이 아닐까.

부모는 아이의 성적을 올리기 위해 학원을 보낸다. 학원 선생님들은 이런 부모의 요구에 응하기 위해 단시간에 성적을 올리는 방법을 연구하게 된다. 특히 시험이 며칠 앞으로 다가오면 이 문제가 출제될까 저 문제가 출제될까 족집게로 집어내는 것이 중요한 일이 되었다. 만약 비슷한 문제라도 풀었다면 그 학원이나 선생님은 행운을 잡은 것이나 다름이 없다. 이런 것이 쌓이고 쌓여 문제풀이 문화가 생겨난 것 같고, 지금은 완전히 자리 잡아 전국의 학생들이 문제풀이 열풍에 휩싸여 있는 상태이다. 지금의 분위기라면 본문 20%, 문제풀이 80% 정도의 비중으로, 아니 어쩌면 본문 10%, 문제풀이 90%의 비중으로 공부하고 있다는 느낌이다.

나는 이 부분에 대해 오히려 본문을 위주로 개념이나 원리 파악에 집중 공부하고, 문제는 본문 공부의 확인 차원에서 해야 한다고 생각한다. 또 기본 문제를 어려움 없이 풀면 심화 문제를 다루어야 한다. 이렇게 해야만 아이의 기초 실력을 쌓을 수 있다. 그뿐만 아니라 아이 스스로 공부에 관심을 가지게 할 수 있고, 공부에 재미를 붙일 수 있다.

또한 본문을 공부할 때에 급하게 서두르지 말고 천천히 읽도록 해야 한다. 이렇게 평소 천천히 공부한다면 성적은 향상될 수 있다. 부모의 마음 속에 있는 빨리빨리 의식에서 발생한 갑자기 '1등' 이라는 복권은 없다고 생각하고 천천히 한 걸음씩 나아가야 한다. 따라서 기본 개념이나 원리를 충분히 이해하고 있다면, 몇 문제 풀어 보지 않았다 하더라도 심화 문제도 거뜬히 해결할 수 있는 능력이 생길 것이다.

모두가 '빨리빨리'　　　　다음은 초등학교 2학년 아들을 둔 내 조카의

집에서 평소 일어나는 일이다. 이를 통해 우리가

얼마나 빨리빨리 문화 속에 젖어서 살고 있는지 느낄 수 있을 것이다.

"기범아, 빨리 일어나 씻고 밥 먹어야지."

엄마가 세 번 이상 소리치면 기범이는 부스스 잠이 덜 깬 채로 일어난다. 그러니 행동이 느린 것은 어쩌면 당연하다. 그럼에도 엄마는 잠시도 틈을 주지 않는다.

"빨리 씻어!"

기범이는 세수를 한 다음에야 겨우 정신을 차린다. 밥상에 앉았지만 밥맛이 없다. 주섬주섬 먹는 둥 마는 둥 하고 있자 또다시 엄마의 고함 소리가 터진다.

"빨리 밥 먹어! 시간 없어!"

결국 기범이는 엄마가 '빨리 밥 먹어'를 세 번이나 외칠 때쯤 겨우 밥을 다 먹는다. 이제 학교에 가기 위해 옷을 입어야 할 시간이다. 기범이는 조금 쉬었다가 옷을 입으려고 했는데 느닷없이 또다시 엄마의 불호령이 떨어진다.

"제발 빨리 옷 좀 입어. 으이그, 왜 이렇게 말을 안 들어. 언제쯤 엄마가

말하지 않아도 혼자 옷을 입을 날이 올까!"

이렇게 기범이는 옷을 입고 집을 나선다.

여기까지의 이야기는 아마도 초등학생 자녀를 둔 부모라면 누구나 고개가 끄덕여지는 내용일 것이다. 당장 오늘 아침 우리 집에서 일어난 이야기일 수도 있기 때문이다. 우리 아이들은 학교에 가기 위해 집을 나서기 전 이

미 엄마나 아빠로부터 최소 다섯 번 이상의 '빨리빨리'란 소리를 듣고 나간다. 이러니 어른들의 빨리빨리 문화가 아이들의 몸에 배지 않을 수 없다. 집을 나선 기범이는 이제 어른들에게서 배운 빨리빨리 문화를 열심히 실천하기 시작한다.

아침 등교를 하는 기범이가 자주 하는 일은 횡단보도가 아직 10m 이상 남았는데 갑자기 뛰어가 횡단보도를 건넌다. 신호등이 빨간불로 바뀌기 전에 건너려고 하는 것이다. 사실 무슨 급한 일이 있어서가 아니다. 학교에 늦은 것도 아니다. 그냥 신호등에 걸리면 기다리기 싫어서 그런 것이다. 또 자기도 모르게 습관이 된 빨리빨리 문화 때문이기도 하다.

학교 매점에서는 빨리 간식을 사 먹으려고 아우성이다. 그리고 방과 후 분식점에서도 "아줌마 빨리 주세요!"를 외치며 주인 아줌마를 정신없게 만든다. 이러한 행동들은 사실 아이들뿐만 아니라 어른들도 똑같이 하고 있는 게 현실이다. 그만큼 우리나라 사람들의 유전인자 속에는 빨리빨리 문화가 스며들어 있다.

사실 우리끼리 있을 때는 우리가 얼마나 빨리빨리 문화에 젖어 있는지 잘 몰랐다. 지구촌 시대가 되고 다문화 사회로 변하면서 어느 때부터인가 주변에 외국 사람들이 많이 보이기 시작하면서 그들의 입을 통해 우리가 얼마나 빨리빨리를 좋아하는지 알게 되었다.

그들의 눈에 한국 사람은 성질이 아주 급한 것처럼 보인다고 한다. 식당에서도 빨리빨리를 외치는 사람은 한국 사람뿐이며, 심지어 동남아 어느 식당에서는 종업원이 한국 사람임을 눈치채면 서툰 한국어로 미리 이렇게 말한다고 한다.

"빨리빨리 안 돼요. 기다려야 해요."

그동안 한국 손님을 많이 받아 본 음식점의 이야기이다.

또 어느 한 외국인은 우리나라의 결혼식에 참석해 보고 마치 누군가에 쫓기는 사람들이 치르는 전쟁 같다고 이야기하기도 한다. 거기에는 주례, 사회자, 내빈들 모두 단 한 사람의 예외도 없이 급해 보인다. 미리 자기 차례를 준비하고 있다가 앞 팀이 끝나자마자 급하게 예식을 진행한다. 주례를 맡은 사람은 내빈들의 눈치를 살피며 최대한 간단히 끝내려고 노력한다. 조금이라도 길게 하려는 듯한 눈치가 보이면 내빈들의 표정이 달라지기 때문이다. 결혼식이 끝나기까지 채 30분이 걸리지 않는다.

그들의 눈에 비치는 빨리빨리 문화는 비단 이것 외에도 무수히 많다. 도로의 신호가 바뀌었을 때 차가 조금만 늦게 출발해도 뒤에서 빵빵거리는 일, 도로 위를 마치 액션 영화 보는 것처럼 질주하는 차량들, 사탕이 녹는 것을 기다리지 못하고 깨물어 먹는 사람들……

이런 빨리빨리 문화가 있었기에 우리나라가 이렇게 빠른 경제 성장을 이룩할 수 있었다고 주장하는 사람들도 있다. 중동 등지에서 거대 토목공사를 할 때 세계 어느 나라도 따라오지 못할 속도로 빠르게 했고, 해외에 나가 일하는 한국인들은 누구보다도 빠르게 일하기로 소문나 있다. 덕분에 현재 세계 10대 경제 강국에 들 수 있었다는 것이다. 물론 나도 어느 부분은 인정한다. 하지만 단순히 빨리빨리 문화 때문에 이런 성과를 내었다는 것은 인정할 수 없다. 거기에는 우리나라 사람 특유의 성실성과 근면성이 더 큰 몫으로 작용했기 때문에 가능했다. 단순히 빨리빨리 문화 때문에 이룩한 성과라고 보기는 힘들다.

내가 빨리빨리 문화에 대해 우려하는 것은 이런 빨리빨리 문화가 바른 교육을 실천하지 못할까 하는 염려 때문이다.

문제풀이에 매달리는 것은
모래 위에 짓는 성

부모들의 조급함 때문에 이미 한글은 기본으로 깨치고 영어까지 배우고 초등학교에 입학한 아이들. 이런 아이들이 자신들이 이미 알고 있는 내용을 다시 가르치는 선생님에게 관심을 가질 리가 없다. 또 존경심이 생기기도 어렵다. 그보다 새로운 것을 빨리 가르쳐 주는 과외가 더 재미있다.

부모들은 어떻게든 아이들의 시험 점수가 잘 나오기만을 바란다. 거기에 과정은 크게 중요하지 않다. 만약 옆집 아이의 어머니로부터 빠른 시간 내에 아이의 성적을 올려 주는 선생님이 계신다는 소문을 듣기만 하면 귀가 솔깃해 당장 내 아이도 그곳으로 옮기려고 생각하는 부모들이 있을 것이다.

그렇다면 아이를 가르치는 입장에서는 어떻게든 단기간에 아이들의 성적을 올려 줘야 하니 개념 설명보다는 문제풀이에 집중할 수밖에 없다. 특히 시험 기간이 되면 이러한 현상은 더욱 심해진다. 이런 환경 속에서 아이들은 문제 푸는 기계가 된 것 같은 기분일 것이다. 그런데 다행인지 불행인지 이런 과정을 거친 아이들은 시험 점수가 잘 나온다. 부모들은 기뻐하고 다음 달에도 계속 시험을 잘 치르도록 문제를 풀게 할 것이다.

그렇다면 과연 문제풀이에 열성을 다하였던 아이들의 수준은 높아진 걸까? 실제 과거 어느 중학교의 기말고사 전체 학생의 성적 평균이 90점(100점 만점 기준) 대에서 형성되었다고 한다. 또 이 점수대에서는 1점만 떨어져도 전교 등수 차이는 커진다. 이는 과거와 비교해 볼 때 대단히 높아진 점수임에 틀림없다. 마치 우리 아이들의 실력이 있는 것처럼 보이기도 한다. 그러나 이 학생들이 훗날 대학에 진학했을 때 이들을 지도하던 교수들의 이야기는 사뭇 다르다. 학생들의 수준이 전반적으로 많이 떨어졌다는 것이다. 언젠가 들었던 한 대학 강사의 푸념은 현재 학생들의 문제점을 단적으로 지적해 준다.

"요즘 학생들은 그 수준을 이해할 수 없어요. 그렇게 공부를 많이 하였는데. 대학교 시험은 거의가 서술형 주관식인데 글 쓴 것을 보면 무슨 말을 하고 싶은 것인지……. 도대체 기본이 안 되어 있다는 생각이 들어요."

분명히 성적은 높아졌는데 왜 이런 현상이 생기는 걸까?

나는 이 문제가 '모래 위에 쌓은 화려한 성' 때문이라고 말하고 싶다.

부모들의 높은 교육열 덕분에 아이들은 어려서부터 선행학습을 하고 많은 것을 배우고 초등학교에 입학한다. 학교 입학 후에는 오로지 성적을 올리기 위한 공부를 하다 보니 기본 개념을 무시한 채 문제풀이에만 매달리게 된다. 이는 과정보다 결과를 더 중요시한 급한 성격 때문에 생긴 현상이다.

이러한 현상은 요즘 아이들이 공부하는 학습 교재를 보면 금방 알 수 있다. 초등학교 어머니들은 아이들이 어릴 때부터 문제풀이를 시킨다. 오늘 몇 장 풀었는지에만 관심을 가질 뿐 아이가 얼마나 개념을 이해했는지에는 관심이 없다. 이렇게 해서 중학교를 거쳐 고등학교까지 다니면서 아이들이 푸는 문제의 양은 상상을 초월한다. 나의 어린 시절과 비교한다면 계란과 바위 정도의 차이라고나 할까. 정말 요즘 아이들은 거대한 문제의 성을 쌓은 것이다. 그러나 이 성에는 결정적인 문제가 있다. 그 거대한 성을 다름 아닌 모래 위에 쌓았다는 사실이다.

왜 내가 '모래'라는 비유를 들었는지 독자들은 이해할 것이다. 기초가 튼튼하지 못한 것의 표현이다. 기초는 문제 푸는 것만으로는 다져지지 않는다. 기본 개념이 무엇인지 제대로 이해하고 알려고 노력할 때 기초가 세워지는 것이다.

즉, 성적이 좋은 아이들에게 질문을 해 보아도 알아듣기 쉽게 설명을 하지 못하는 경우가 많다. 아이들은 개념을 이해하기보다는 개념을 암기하고 있었다고 표현하는 것이 옳을 것이다. 이렇게 기초가 불안한 상태에서 계속 공부를 하다 보니 공부가 재미없어지는 것은 어쩌면 당연한 일이다. 이렇게 재미없는 공부를 참지 못하고 포기하는 아이들은 도태되는 것이고, 잘 참아 낸 아이들은 대학의 관문을 통과하게 된다.

'우리나라 학생들은 대학 들어가기 전까지만 공부한다.'는 말이 있다. 그만큼 공부라는 것이 재미없고 관심이 없는 분야이기 때문에 대학에 들어가서는 그동안 자신을 억눌렀던 공부를 떨쳐 버리고 자유를 만끽하고 싶어 책을 놓아 버릴 수밖에 없다.

아이에게 진짜 실력을 높여 주는 천공법

가장 먼저 가르쳐야 하는 것　　　중학교 시절인지 정확한 시기는 생각나지 않지만, 어느 나라에 '421 증후군' 이라는 사회 문제가 있었다. '421 증후군' 이란 무엇인가? 할아버지와 할머니가 아들 한 명을 낳고, 외할머니와 외할아버지가 딸을 한 명 낳았다. 그리고 그 아들과 딸이 한 명의 자녀를 낳는다. 결국 처음에 네 명이었던(할아버지, 할머니, 외할아버지, 외할머니) 사람들은 두 명(아버지, 어머니)으로 줄어들고, 현재 우리가 키우는 한 명의 아이만 남게 된다는 것이 바로 421 증후군이다.

　이 421 증후군은 인구를 감소시켜 심각한 사회 문제를 초래할 뿐만 아니라, 그 손자는 부모(두 명)와 조부모(네 명)에게는 한 명의 자녀로서 무척 귀하기 때문에 지나치게 예뻐하여 아이가 버릇없이 자라 사회적으로 문제가 된다는 내용이었다.

따라서 형제자매가 없는 요즈음에는 우리가 어렸을 때처럼 언니, 오빠, 동생들을 통하여 양보, 배려 등을 자연스럽게 배울 수가 없다. 자녀가 한 명밖에 없으니 부모들은 어렸을 때부터 아이들에게 한글, 한자, 영어, 독서 등 지적 능력을 길러 남보다 더 잘 할 수 있도록 가르친다.

그러나 공부보다 우선시해야 할 것은 생활 습관이다. 바른 생활 태도는 우수한 인재, 훌륭한 사람으로 성장할 수 있는 밑거름이기 때문에 올바른 생활 습관만 가르친다는 민족도 있다. 어린 시절 어른 공경과 친구에 대한 예절, 정직과 질서, 봉사, 성실 그리고 바른 자세와 정리정돈 등을 잘 가르치면 누구나 그 사람을 환영할 것이다. 우리 아이들도 학습 능력보다 세 살 때까지 좋은 인성을 가지도록 좋은 습관을 만들어 가는 데 노력하는 것이 더 중요할 것이다.

요즘 아이들은 배우는 것이 많아서 시간이 없고 놀이터에서 노는 아이들이 없다고 한다. 그러나 앞에서도 말하였지만 우리 학교에서 하는 행사 중에서 가장 교육 효과가 좋은 것은 혼자하는 여행이라고 하였다. 2009년 어떤 학생이 여행을 하면서 초등학교 시절에 놀았던 놀이터를 찾아가 보았다고 한다. 고등학생이 되어 몇 년 전에 놀았던 놀이터에 서니 그때 친구들과 같이 미끄럼과 그네를 탔던 추억이 떠올랐다고 한다. 아이들은 가족들이 해 줄 수 없는, 친구들로부터 배우는 인성이 있다. 그리고 놀이터에서 배울 수 있는 예절도 있다.

**아이의 내공을
쌓게 하라**

지금까지 내가 한 이야기는 우리나라 교사나 부모라면 누구나 공감하고 그 문제점을 알고 있는 이야기다. 그럼에도 불구하고 왜 고쳐지지 않는 것일까? 정권이 바뀔 때마다 새로운 교육 정책을 들고 나와 교육 파라다이스를 외친다. 그러나 과연 교육 정책을 바꾸면 이 모든 문제가 해결될까?

나는 이 모든 문제의 근원이 기초·기본 교육을 중요하게 생각하지 않는 교육 풍토 때문이라고 생각한다. 사실 이러한 교육 문화가 오랫동안 계속되어 왔기 때문에 우리의 생각이 바뀌지 않으면 쉽게 고치기 어려울 것이다.

최근 나를 감동시킨 신문기사가 있었다. 경기도 가평에 있는 청심국제 중·고등학교에서 도덕과 종교를 가르치고 있는 마틴 메이어 씨가 "한국식 빨리빨리 문화로는 교육 개혁이 어렵다."고 말한 기사였다.

마틴 메이어 씨가 신문기사의 주인공이 될 수 있었던 것은 한국의 교육 제도를 신랄하게 비판한 〈교육 전쟁〉이란 책을 펴냈기 때문이었다. 그가 생각하는 교육은 지(知), 정(情), 의(依), 신체 등 인간을 구성하는 다양한 것들을 계발하기 위한 것인데, 한국은 오로지 지적 능력, 그것도 몇몇 교과목의 단순 암기에만 혈안이 되어 있는 것이 이상해 보인다는 것이다. 여기에 그는 "한국 교육은 움직이는 인형을 만들어 내는 시스템"이라는 말을 덧붙여 나의 마음을 더욱 아프게 했다. 나야말로 한국 교육의 최전방에 있는 장본인이 아닌가!

그가 주장하는 교육론을 살펴보자.

교육은 몰랐던 것을 알게 해 주는 기쁨이 있어야 하며 즐거워야 한다.

가령 고전 소설을 읽을 때 한국에서는 먼저 "이 작품의 주제는 무엇인가?"를 질문하는데, 이보다는 "이 소설의 어떤 메시지가 너에게 의미가 있었는가?"를 물어야 한다. 그래야 아이가 진정으로 이 작품에 흥미를 느낄 수 있을 것이다. 단순히 그 작품을 통하여 어휘력을 늘리거나 주제 파악에만 신경을 쓴다면, 그 아이에게 이 교육은 이미 즐거움이 아닌 의무감과 부담으로 전락하고 만다는 것이다.

우리가 만약 등산을 한다면, 반드시 무조건 빨리 오르기 위해 서두르는 것이 아니라 정도를 찾아 천천히 올라가야 한다. 공부를 하다가도 이해되지 않는 것이 있으면 반드시 왜 그런지 알아보고 나가야 한다. 그렇게 하면 아이는 분명 늦지 않게 정상에 오를 수 있을 것이다. 그뿐만 아니라 건전한 인성을 가진 아이로, 또 육체적으로도 건강한 모습을 가진 아이로 정상에 오를 수 있을 것이다.

7장

천공법으로
실제 공부해 보기

학교에서 배울 단원을 한 번만

예습해 보아라. 기쁨을 맛볼 것이다.

울산과학고등학교의 모든 학생들은 공부에 대한

쾌감을 느껴 보았으며,

이 계기로 공부를 시작하였다고 한다.

천공법 개요

:

이제 앞에서 내가 주장했던 천공법의 방법대로 실제 공부해 보는 시간을 가지려고 한다. 사실 시중에 훌륭한 공부법에 관한 책들이 많이 나와 있다. 그러나 이런 공부법에 관한 책들을 읽다 보면 실천하기 어려울 수 있지만, 책을 읽는 순간에는 가슴이 설레고 부러워 곧 실천해야겠다고 생각한다.

우리가 책을 읽는 가장 중요한 이유는 좋은 내용이 있을 때 그 방식대로 해 볼 수 있기 때문이다. 그리고 배우고도 실천하지 않으면 배우지 아니함만 못하기 때문이다. 그리고 나에게 정말 변화가 일어나는지 지켜보는 것이다. 내가 주장하는 천공법 역시 마찬가지다. 실제 해 보지 않으면 결국 나의 것이 되지 않고 남의 이야기가 될 뿐이다.

이 천공법으로 아이가 학교에서 배울 단원을 한 번만 예습해 보아라. 기쁨을 맛볼 것이다. 사실 지금까지 예습을 하지 않았던 아이가 혼자서 예습하는 것은 어려운 일이다. 그렇지만 부모가 조금만 관심을 가진다면 아이는 공부하는 쾌감을 느끼게 될 것이다. 본교의 모든 학생들은 공부에 대한 쾌감을 느껴 보았으며, 이런 계기로 공부를 하기 시작하였다고 한다.

미리 그 단원의 개념이나 원리를 80% 정도만 공부해 가도 수업 시간에 선생님의 질문에 답을 할 수 있을 것이고, 덤으로 따라오는 선생님의 칭찬으로 아이는 즐겁게 공부할 수 있게 될 것이다. 그래서 나는 실제 어머니(또는 아버지)와 자녀가 함께 천공법의 방법대로 공부해 보는 시간을 가졌으면 하는 생각으로 앞으로 남은 지면을 구성할 것이다.

이때 반드시 주지해야 할 것은 이 책에서 내가 아이들에게 했던 역할을 어머니(또는 아버지)가 해 주어야 한다는 사실이다. 내가 주장하는 천공법은 학생 혼자서 해도 좋지만 아이는 아이다. 아이가 어른의 생각을 가졌다면 우리 부모들은 아이의 공부에 대하여 걱정을 하지 않아도 될 것이다. 엄청난 절제와 인내, 성실과 인성을 갖춘 소유자라면 모를까, 그렇지 않은 대부분의 학생들에게는 반드시 옆에서 지켜봐 줄 스승이 필요하다. 내 자식을 누가 지켜 줄 수 있는가! 6개월만 아이를 지켜봐 준다면 아이의 팔자가 바뀔 수 있다.

천공법으로 공부하기에 가장 적합한 시기는 초등학교 고학년이나 중학교 3학년이라고 생각된다. 그리고 우리나라 교육 과정상 이때 학습 태도를 잡아 주지 않으면 이후에는 조금 어려운 것이 현실이기도 하다. 따라서 이 나이대의 자녀를 둔 부모라면 이제부터 나를 따라 자녀와 함께 천공법으로 공부해 보기로 하자.

여기에서는 중학교 1학년 과정을 샘플로 하도록 하겠다. 왜냐하면 초등학생의 경우 선수학습 차원에서 공부해 보면 될 것이고, 중학교 2, 3학년의 경우 기본을 다시 공부한다는 차원에서 해 보면 될 것이기 때문이다. 그만큼 대상의 폭이 넓을 것이란 생각에서 중학교 1학년 과정을 선택하였다.

선생님이 다시 한 번 주의해야 할 사항

앞에서 '팔자 고치는 방법'을 소개할 때 그 중 하나가 눈 밝은 스승을 만나는 것이라고 하였다. 정말 내 아이의 팔자를 고치고 싶은 부모라면, 내 아이를 특별한 사람으로 만들고 싶다면, 이제 나 자신이 바로 그 '눈 밝은 스승'의 역할을 해 주어야 한다. 배움에는 반드시 때가 있다. 그 때를 놓치면 시작하기가 쉽지 않다.

그러나 대부분의 부모가 이렇게 생각할 것이다.

'내가 어떻게? 나같이 부족한 사람이.'

'나는 할 줄 모르는데. 내가 아는 게 있나?'

물론 그렇게 생각할 수 있다. 그러나 내가 이미 온갖 시행착오를 겪으면서 길을 닦아 놓았기 때문에 여러분은 내가 안내하는 대로 따라와 주기만 해도 효과를 거둘 수 있다고 확신한다. 무엇보다도 할 수 있다는 자신감을 가지는 것이 중요하다. 매뉴얼대로 잘 따라 하면 내 아이의 팔자를 바꿀 수 있다. 다음 몇 가지 사항을 반드시 숙지한 다음 공부를 시작하도록 하자.

첫째, 내 마음속에 있는 빨리빨리 의식을 없애야 한다.

이 공부법의 핵심은 '천천히'에 있다. 아이를 대할 때 큰 숨을 세 번 쉬고 아이 앞에 앉는다. 이 세상에는 잘못될 수 있는 권위 네 가지가 있다고 한다. 남자가 여자에게, 어른이 아이에게, 부모가 자녀에게, 그리고 선생이 학생에게 권위를 부리는 경우이다. 아이는 정성(사랑, 희생, 헌신)으로 키워야 한다. 마치 대나무의 '모소' 처럼 기다려야 한다. 대나무 씨를 심고 아무리 기다려도 싹이 나지 않자 3년 후 삽으로 떠 보니 싹이 돋아나려고 엉켜 있었다. 그러나 기다리지 않았기 때문에 그때는 이미 늦었다. 대나무 싹은 햇빛을 보면 자랄 수 없다고 한다. 보통 대나무의 싹은 5년이 되는 해에 튼다. 책의 장수만 빨리 채워 가는 방법은 아이를 힘들게 하는 것이다. 쉬운 단어를 찾아 알아가는 느낌을 주어야 이 공부법의 효과가 증대될 것이다.

둘째, 무엇보다 아이의 생활 태도를 바로잡아 주기 위하여 노력해야 한다.

아이를 키우는 과정은 마치 마라톤을 완주하는 것과 같다. 6개월의 훈련 과정이라고 생각하면 될 것이다. 수많은 유혹과 고통이 찾아오게 마련이다. 이 모든 것을 이길 수 있는 절제력과 인내력, 용기와 자신감이 있어야 한다. 무엇보다 꾸준히 할 수 있는 끈기와 성실한 자세가 뒷받침되어야 끝까지 공부할 수 있다. 이 때문에 공부를 잘하기 위해서는 좋은 인성이 뒷받침되어야 한다. 사실 학교에서 인성 교육만 제대로 된다면 아이들은 공부를 더 잘할 수 있다. 선진국에서는 인성 교육부터 시작하는데 우리는 지식 교육으로 빨리 성과를 가져오는 함정에 빠져 실력 있는 사람으로 성장하기보다 시험의 결과만 좋으면 된다고 생각하고 있는 것이다.

그러면 어떻게 생활 태도를 바로잡아 줄 것인가? 기본 예절을 지키도록 해야 한다. 인사하기, 공중도덕 지키기, 식사 예절, 젓가락 바르게 잡기, 쓰레기 함부로 버리지 않기 등 가장 기본적인 것부터 바로잡아 주어야 한다. 인사를 예로 들어 보자. 인사하는 방법도 여러 가지가 있다. 고개를 까딱 하는 인사, 구십도 허리를 굽히는 인사, 웃으며 하는 인사, 입으로만 말하는 인사, 절 등이 있다. 이것부터 살펴보아야 한다. 간단한 것 같지만 가장 어려운 기본 예절이다. 가정에서 어릴 때부터 마음으로 인사하는 법을 가르쳤다면 그 아이는 무조건 성공할 수 있을 것이다. 과연 우리 아이는 어떻게 인사하는지 시켜 보자. 그리고 남에게 평가를 받아 보자. 우리 아이가 따뜻한 마음으로 정성들인 인사를 하는지 이웃이나 삼촌에게 물어보라.

이처럼 무엇이든 기본이 가장 쉬운 것 같으면서 잘 안 된다. 안 되는 이유는 중요하다고 생각하지 않기 때문이다. 기본만 아이에게 가르치면 그 후의 응용된 예절은 저절로 익히게 될 것이다. 태산도 기본적인 밑바탕이 만들어지지 않고서 이루어졌을 수 없듯이 항상 기본이 무엇인지, 기본이 잘되어 있는지 확인하면 바른 인성을 지닌 훌륭한 인재로 성장할 것이다.

셋째, 아이를 꾸중하기보다는 칭찬하도록 해야 한다.

우리나라 부모들은 마음이 급하기 때문에 조금만 아이들이 자기 말을 듣지 않는다고 생각되면 목소리가 커진다. 그래서 큰 소리로 "게임 그만해! 숙제는 했니! 왜 그렇게 말을 안 들어!"라며 아이들을 다그친다. 그렇게 소리치며 나무란다고 아이들의 태도가 쉽게 바뀌는가?

또 어떤 부모들은 옆집 아이나 친구들, 심지어 형제들과도 비교하며 아이를 다그치는 것을 볼 수 있다.

"○○이는 잘하는데 너는 왜 그 모양이야!"

"제발 ○○이 반이라도 따라 해 봐!"

그러나 이런 비교는 절대 금물이다. 사람은 누구나 존중받고 인정받고 싶어 하는 기본적인 욕구가 있다. 남과 비교하는 것은 인간의 자존심을 건드리는 것이 된다. 비교를 당한 아이는 심한 모멸감을 느끼고 상처를 받게 되어 오히려 더 비뚤어지게 될 수 있다.

이렇게 윽박지르거나 비교하기보다 차라리 칭찬을 해 주어야 한다. 칭찬은 고래도 춤추게 한다는 말이 있지 않은가. 아이들 역시 마찬가지다. 꾸중이나 잔소리보다 칭찬을 해 주면 오히려 아이들이 자신감을 갖게 되고 서서히 변화되기 시작한다. 실제로 아이들이 공부할 때 칭찬을 해 보자. 아이들의 실력이 점점 느는 것을 직접 느낄 수 있을 것이다.

넷째, 아이가 긴장이 풀어졌을 때는 벌을 주어야 한다.

벌은 아이를 불편하게 하고 힘들게 할 수도 있으나 감동을 주는 벌도 있다. 아이에게 무관심해 하는 벌을 줄 수도 있고, 가난을 맛보게 할 수도 있으며, 거동이 불편한 시설을 견학하여 마음을 움직이게 할 수도 있다. 벌을 통해 아이가 가슴으로 뭔가를 느끼는 장면을 연출해야 한다.

천공법의 본문 공부 전체 매뉴얼

자, 이제 앞의 네 가지를 할 준비가 되었으면 전체 천공법의 매뉴얼을 숙지해 보도록 하자. 순서는 다음과 같다.

1. 본문 공부를 시작하기 전에 단원 주제와 실제 생활 속에서 관련된 것을 적거나 말해 본다. (안 해도 무방함.)

2. 어떤 단원이 선택되면 사전으로 모르는 낱말을 찾아 참고서 여백에 쓴다. (이때 선택한 단원은 참고서의 한 쪽 정도의 분량이 적당함.)

3. 찾아 놓은 낱말을 생각하면서 천천히 한 번 읽는다. 읽고 난 후 걸린 시간을 여백에 적는다.

4. 두 번째 천천히 읽고, 읽은 시간을 적는다.

5. 세 번, 네 번, 다섯 번을 읽고, 읽은 시간을 적는다.
   - 이때 교사는 아이가 내용을 읽는 동안 "좀 더 천천히 읽어 보아라." "외우지 않고 이해하여야 한다." 하고 주의를 주거나 가끔씩 "벌써 몇 시간째 하고 있나! 너만큼 공부하는 사람이 있겠나!" 하고 칭찬의 말을 해 주어야 한다.

6. A4 용지에 지금까지 읽은 내용을 적는다.
   - 이때 교사는 아이가 적은 내용을 무조건 잘 적었다고 칭찬해 주어야 한다.

7. 단원의 내용을 적은 A4 용지를 모아서 제본한다.

8. 목표로 정한 한 권을 마스터하고 나면 다시 첫 단원으로 와서 처음부터 다시 복습한다. (한번 예습한 내용이고 단어도 다 찾아 놓았기 때문에 정확하게 천천히 읽기만 하면 됨.)

9. 간단한 문제는 풀어도 좋다.

※ 시간 여유가 있으면 그 과목을 파악할 수 있는 책의 목차부터 공부하도록 하는 것이 좋다. 기말고사나 중간고사가 임박하였다면 지금 학교에서 공부하고 있는 단원을 시작하고 특히 예습을 시키면 효과가 있다.

이 외에도 자주 아이로 하여금 자기가 적은 것을 발표하도록 해 보며 그 내용에 대해 질문하는 시간을 가져야 한다. 이런 시간을 가지면 여러 가지로 유익하다. 우선 공부를 하다 보면 본문의 내용 중 완전히 이해하지 못한 부분이 있을 수 있다. 이때 서로 질문하고 답하는 과정을 통하여 자연스럽게 이해할 수 있게 된다. 또 공부를 하다 보면 본문의 내용 중 빠뜨린 내용이 있을 수 있는데, 이를 충분히 점검할 수 있다. 무엇보다도 이런 시간을 통하여 아이는 발표력을 기를 수 있다.

또 부모가 아이에게 자주 질문을 해 주면 아이의 담력이 커지게 될 것이다. 예를 들면 왜 수학을 공부해야 하는가, 왜 과학을 공부해야 하는가, 공부는 왜 해야 하는가 등과 같은 질문이다. 그래서 아이들이 스스로 공부를 해야 하는 이유를 발견하도록 만들어 주어야 한다.

아이들이 공부를 해야 하는 이유는 바로 자신의 꿈을 이루기 위해서이다. 부모는 아이들로부터 이런 결론이 나오도록 유도해 주어야 한다. 그리고 공부를 하는 과정에서는 반드시 공부가 재미있게 느껴지도록 하는데 중점을 두어야 한다. 실제 이 방법으로 공부하다 보면 대부분의 아이들이 원리를 알아가는 기쁨이 있기 때문에 공부가 재미있다고 말한다.

천공법으로 중1 과학 공부 맛보기

※ 다음의 내용은 2010년부터 배우는 개정 교육과정에 따라 구성한 것입니다.

1. 차례 공부하기

다음은 중 1 과학 교과서의 차례이다. 천천히 정독하며 읽고 걸린 시간을 기록해 보자. 모르는 낱말이 나오면 그 뜻을 사전으로 찾아 적어 가며 이해해야 한다.

1 물질의 세 가지 상태

(가) 여러 가지 상태 변화

(나) 물질의 상태에 따른 분자 배열

2 분자의 운동

(가) 증발과 확산

(나) 기체의 압력과 부피, 기체의 온도와 부피 사이의 관계

(다) 기체의 압력에 따른 부피 변화, 기체의 온도에 따른 부피 변화

3 상태 변화와 에너지

(가) 상태와 온도 변화

(나) 상태 변화에서의 에너지의 출입

4 생물의 구성과 다양성

(가) 세포의 구조와 기능

(나) 식물과 동물 세포의 공통점과 차이점

> **Tip**
>
> 아이들은 대부분 문제집의 첫 부분만 공부하다가 그 과목의 공부를 마치는 경우가 많다. 차례를 본다는 것은 전체를 한 번에 보는 의미가 있으며 전체를 알고 부분을 공부하게 하기 때문에 더 효과적으로 공부할 수 있다. 따라서 차례 공부는 아주 중요하므로 반드시 시켜야 한다. 한 번에 할 내용이 많으면 두 번에 나누어서 하도록 한다.

(다) 식물체와 동물체의 유기적 구성 단계

(라) 주변의 생물 분류

5 지각의 물질과 변화

(가) 지각을 구성하는 8대 원소와 주요 조암 광물

(나) 화성암, 퇴적암, 변성암의 생성 과정과 순환 과정

(다) 지표의 평탄화 과정

(라) 풍화 작용에 따른 토양의 생성 과정

(마) 인위적인 지형 변화의 유형

6 식물의 영양

(가) 뿌리, 줄기, 잎의 구조와 기능

(나) 증산 작용

(다) 광합성

시간 기록표	
읽은 횟수	걸린 시간
1	
2	
3	
4	
5	

한 번 읽었을 때의 시간 기록하기

7 힘과 운동

(가) 여러 가지 힘

(나) 두 힘의 합력

(다) 여러 가지 운동

(라) 힘이 작용할 때와 작용하지 않을 때의 물체의 운동

8 지각 변동과 판구조론

(가) 지구 내부의 층상 구조

(나) 대륙이동설에서 판구조론까지

(다) 화산과 지진 현상

(라) 지진의 피해와 대처 방법

(마) 조산 운동과 조륙 운동

(바) 습곡, 단층, 부정합

9 **정전기**

(가) 전기의 성질

(나) 전기력

(다) 정전기 유도 현상

주의 공부한 차례의 내용을 아래에 적어 보자. 반드시 보지 않고 해야 한다.

● **중 1 과학 차례**

1 물질의 세 가지 상태

우리 생활 속에는 고체, 액체, 기체 상태의 물질이 존재한다. 내가 생활 속에서 알고 있는 각 상태의 물질을 적어 보고, 그것이 나에게는 각각 어떻게 다르게 느껴지는지 기록해 본다.

● 내가 생각하는 물질들의 다른 느낌

> **Tip**
>
> 이것은 물질이 무엇인지 액체와 기체와 고체는 어떻게 다른지 구분할 수 있는 시간을 갖는 것이다. 그리고 '생활, 상태'의 개념 정의를 사전에서 찾아보아야 한다. 그리고 물질이 왜 존재해야 하는지 등을 통하여 호기심을 유발하기 위해서이다.
> 내가 배우는 것이 나와 상관이 없다면 관심이나 흥미를 가지기 어렵다. 그러나 그것이 나와 조금이라도 관련이 있다면 아이는 호기심을 가지고 접근할 수 있다. 따라서 교사는 이 시간을 통하여 질문도 하면서 아이가 이 단원에 흥미를 가질 수 있도록 유도해야 한다.

❶ 물질의 세 가지 상태 - (가) 여러 가지 상태 변화

다음은 '물질의 세 가지 상태' 단원 중 '여러 가지 상태 변화' 소단원의 물질의 세 가지 상태에 대한 본문 내용이다. 천천히 아주 천천히 본문의 내용을 이해하면서 읽어 보자. 모르는 용어는 반드시 사전을 찾아 기록하고 이해하면서 읽도록 하자. 다 읽은 후에는 걸린 시간을 시간 기록표에 기록하자. 이것을 5번 반복한다.

A. 물질의 세 가지 상태

1. 물체와 물질의 차이

① 물체: 모양과 크기를 가지고 구체적인 겉모양을 가진 물건을 말한다. 이러한 물체는 물질로 이루어져 있다. 예를 들면 책상이나 의자는 물체인데 나무라는 물질로 이루어져 있는 물체이다.

② 물질: 모양과 크기에 관계없이 물체를 이루는 성분이자 재료이다. 즉, 숟가락의 경우 철이라는 물질로 이루어진 물체이다.

시간 기록표

읽은 횟수	걸린 시간
1	
2	
3	
4	
5	

한 번 읽었을 때의 시간 기록하기

의자는 나무라는 물질로 이루어진 물체이며,
숟가락은 철이라는 물질로 이루어진 물체이다.

Tip

1. 먼저 모르는 용어는 그 뜻을 찾아 써 놓고 읽는다.
2. 반드시 암기하지 않고 천천히 이해하면서 읽도록 해야 한다. 이 공부법의 목적은 암기가 아니라 이해이다.
3. 읽는 횟수를 거듭할수록 전체를 읽는 데 시간이 더 걸려야 하므로 더 천천히 읽도록 지시해야 한다.
4. 반드시 한 쪽씩 읽고 스스로 적어 보게 해야 한다. 두 쪽은 어려울 수 있기 때문이다.

2. 물질의 세 가지 상태

① 우리 주변에서 물질은 고체, 액체, 기체의 상
   태로 존재한다.

② 같은 물질이라도 온도와 압력에 따라 다른
   상태로 존재할 수 있다. 예를 들어 물의 경우
   상온에서는 액체 상태이지만 0℃ 이하로 내
   려가면 얼음이라는 고체 상태로 존재한다.

③ 물질이 고체, 액체, 기체와 같은 서로 다른
   상태로 존재하는 이유는 온도와 압력에 따라
   각각 다른 상태를 나타내기 때문이다. 예를
   들어 20℃, 1기압에서 물은 액체 상태를 나
   타내지만 철은 고체 상태를 나타낸다. 또한
   공기는 기체 상태를 나타낸다.

시간 기록표

읽은 횟수	걸린 시간
1	
2	
3	
4	
5	

한 번 읽었을 때의 시간 기록하기

④ 고체, 액체, 기체 상태의 구별: 일단 겉보기로 대부분 구별할 수 있다. 좀 더 과학
   적인 방법을 쓴다면 물질은 상태에 따라 모양과 부피의 변화, 그리고 흐르는 성
   질, 촉감 등에서 차이가 나므로 이를 이용하여 구별할 수 있다.

상태	고체	액체	기체
촉감	단단하다.	촉감이 부드럽다.	촉감이 거의 없다.
흐르는 성질	흐르는 성질이 없다.	흐르는 성질이 있다.	흐르는 성질이 있다.
모양과 부피 변화	모양과 부피가 변하지 않고 일정하다.	담는 그릇에 따라 모양은 변하지만 부피는 변하지 않고 일정하다.	담는 그릇에 따라 모양과 부피가 모두 변한다. 예를 들어 1L 페트병에 든 공기를 20L짜리 물통에 채워도 공기는 물통에 가득 채워진다.
예	얼음, 철, 설탕 	물, 식용유, 알코올 	공기, 수소, 산소

주의 이해한 소단원의 내용을 아래에 적어 보자. 반드시 보지 않고 해야 한다. 또한 한 페이지씩 읽고 적어 보도록 해야 한다. 두 페이지는 어려울 수 있기 때문이다.

● 내가 이해한 내용 적어 보기 – 첫 번째

Tip

이렇게 공부시키면 보통 처음 적어 낼 때 80% 정도의 내용을 써 낸다. 이때 교사(부모)는 아이가 적은 내용을 살펴보고 아이가 어느 정도 이해했는지 간단한 질문을 해 준다.

● **내가 이해한 내용 적어 보기-두 번째**

> **Tip**
>
> 여섯 번 읽고 기록한다. 이때 다섯 번 읽고 기록한 후 몇 시간 혹은 하루 이상 시간을 보내거나 다른 공부를 한 후 여섯 번째 읽고 두 번째 서술한다(아이는 처음보다 쉽게 쓸 수 있다).
>
> 1. 반드시 암기하지 않고 천천히 이해하면서 읽도록 해야 한다. 이 공부법의 목적은 암기가 아니라 이해이다.
> 2. 읽는 횟수를 거듭할수록 전체를 읽는 데 시간이 더 걸려야 하므로 더 천천히 읽도록 한다.

A. 물질의 세 가지 상태

1. 다음은 물질의 세 가지 상태에 대해 정리한 것이다.

구분	(가)	(나)	(다)
부피	일정하지 않음	일정함	일정함
모양	일정하지 않음	일정하지 않음	일정함
흐르는 성질	있음	있음	없음

(가), (나), (다)에 해당하는 물질을 바르게 짝지은 것은?

① (가)-에탄올, 물, 식용유

② (나)-철, 나무, 플라스틱, 소금

③ (다)-산소, 수소, 질소, 에탄올

④ (가)-수증기, 헬륨가스, 공기

⑤ (다)-철, 나무, 플라스틱, 소금

2. 물질의 상태에 대한 설명으로 옳은 것은?

① 물질의 상태는 주로 온도에 의해 변한다.

② 모든 물질은 동시에 고체, 액체, 기체의 상태로
존재할 수 있다.

③ 같은 물질은 온도와 압력에 상관없이 항상 한 가
지 상태만으로 존재한다.

④ 물질은 상태가 변할 때 완전히 다른 물질로 변
한다.

⑤ 물질은 상태가 변할 때 모양이 달라지므로 질량
도 변한다.

Tip

본문의 이해가 완전히 끝났을
때 비로소 문제를 풀어 보게
한다. 이때 주의해야 하는 것
은 아이가 틀리더라도 곧바로
문제의 답을 알려 주어서는
안 된다.

본문의 이해가 안 된 부분이
있다면 다시 본문을 읽어 보
게 해야 한다. 스스로 문제를
풀어낼 때 비로소 진정한 자
기의 실력이 된다.

1. 모래의 경우 담는 그릇의 형태에 따라 그 모양이 달라지며 흐르는 성질이 있으므로 액체와 비슷한 성질을 가지고 있다고 할 수 있다. 그럼에도 불구하고 모래를 고체 라고 하는 이유에 대해 설명하시오.

2. 주전자에 물을 넣고 끓일 때 김이 나오는 것을 볼 수 있다. 이 김에 대한 설명으로 옳은 것은?

   ① 김은 물이 끓어 기체 상태인 수증기로 변하면서 보이는 현상이다.

   ② 물의 기체 상태인 수증기는 원래 무색인데, 하얗게 보이는 것은 수증기가 서 로 뭉쳐 있기 때문이다.

   ③ 김은 수증기가 아니라 주전자에서 나오던 수증기가 공기와 반응하면서 생긴 새로운 물질이다.

   ④ 김은 기체 상태이므로 하늘로 날아가게 된다.

   ⑤ 김은 물이 끓을 때 나오는 수증기가 찬 공기와 만나서 아주 미세한 물방울로 응결되면서 생긴 것이다.

정답
ANSWERS

기본 문제 1 ⑤ / (가)는 기체, (나)는 액체, (다)는 고체를 나타낸다.

2 ① / 물질의 상태는 온도와 압력에 따라 변하는데 주로 온도에 따라 변한다.

응용 문제 1 모래와 같은 작은 알갱이가 여러 개 모여 있는 물질의 경우 전체를 보지 말고 모 래 한 알 한 알을 보아야 한다. 모래 한 알은 흐르는 성질이 없을 뿐만 아니라 모 양도 변하지 않는다. 따라서 모래는 고체이다.

2 ⑤ / 물이 끓을 때 나오는 수증기는 눈에 보이지 않지만 수증기가 응결(액화)되어 생성된 작은 물방울인 김은 보이게 된다. 실제 주전자 입구를 보면 김이 조금 뜬 상태부터 보이게 된다.

천공법으로 중1 수학 공부 맛보기

※ 다음의 내용은 7차 개정 교육과정에 따라 구성한 것입니다.

1. 차례 공부하기

다음은 중 1 수학 교과서의 차례이다. 천천히 정독하며 읽고 걸린 시간을 기록해 보자. 모르는 낱말이 나오면 그 뜻을 사전으로 찾아 적어 가며 이해해야 한다.

Tip

수학의 경우 특히 문제집의 첫 부분만 공부하다가 마치는 경우가 많다. 따라서 반드시 차례를 공부하게 하여 전체를 알고 각 단원을 공부하게 해야 한다.

Ⅲ. 방정식

1 문자와 식

(1) 문자의 사용과 식의 값 (2) 일차식의 계산

2 일차방정식

(1) 방정식과 항등식 (2) 일차방정식의 계산

(3) 일차방정식의 활용

Ⅳ. 함수

1 함수

(1) 함수의 뜻

(2) 순서쌍과 좌표

2 함수의 그래프

(1) 함수의 그래프

(2) 함수의 활용

Ⅴ. 통계

1 도수분포와 그래프

(1) 도수분포표

(2) 히스토그램과 도수분포다각형

2 상대도수와 누적도수

(1) 상대도수와 그래프

(2) 누적도수와 그래프

Ⅵ. 기본 도형과 작도

1 기본 도형

(1) 점, 선, 면 (2) 각과 평행선, 위치 관계

한 번 읽었을 때의 시간 기록하기

● 중 1 수학 차례

Ⅰ. 집합과 자연수

우리는 생활 속에서 언제 집합이나 수를 만나는가? 왜 수학에서 집합을 배우려고 하는 걸까? 집합이란 무엇이며, 어디에 사용될까? 그리고 집합을 배우면 어떻게, 어디에 사용할 수 있는지 질문한다.

● **내가 생각하는 집합이란? 왜 수학을 공부해야 한다고 생각하는가?**

Tip

이 시간을 갖는 이유는 아이들에게 호기심을 유발하기 위해서이다. 내가 배우는 것이 나와 상관이 없다면 관심이나 흥미를 가지기 어렵다. 그러나 그것이 나와 조금이라도 관련이 있다면 아이는 호기심을 가지고 접근할 수 있다. 따라서 부모(교사)는 이 시간을 통하여 질문을 하는데 답이 틀려도 칭찬을 해야 한다. 아이가 그렇게 생각한 이유는 나름대로 이유가 있기 때문이다.

Ⅰ. 집합과 자연수 – **1** 집합

다음은 '집합과 자연수' 단원 중 '집합' 소단원의 '집합의 뜻과 표현'에 대한 본문 내용이다. 천천히 아주 천천히 본문의 내용을 이해하면서 읽어 보자. 모르는 낱말이 나오면 반드시 그 뜻을 사전으로 찾아 기록하고 이해하면서 읽도록 하자. 다 읽은 후에는 걸린 시간을 시간 기록표에 기록하자. 이것을 5번 반복한다.

A. 집합의 뜻과 표현

1. 집합과 원소

① **집합**: 주어진 조건에 맞는 그 대상이 명확히 구별되는 것들의 모임을 집합이라고 한다. 예를 들어 '10보다 작은 홀수의 모임'은 그 대상이 명확하므로 집합이 되지만, '10보다 작은 아름다운 수의 모임'은 아름다운 수의 기준이 명확하지 않으므로 집합이 될 수 없다.

② **원소**: 집합을 이루고 있는 대상 하나하나를 원소라고 한다. 예를 들어 10보다 작은 홀수의 모임을 집합 A로 나타내면 A의 원소는 1, 3, 5, 7, 9가 되며 이 원소가 모두 모여 집합 A를 이룬다.

③ **집합과 원소의 표현**: 집합은 대문자, 원소는 소문자로 나타낸다.
- $a \in A$: a는 집합 A의 원소이다.
- $b \notin A$: b는 집합 A의 원소가 아니다.

예 집합 $A = \{1, 3, 5, 7\}$일 때,

$1 \in A$, $3 \in A$, $5 \in A$

$10 \notin A$

한 번 읽었을 때의 시간 기록하기

Tip

1. 공부하기 전에 모르는 개념은 사전으로 찾아 써 놓고 그것을 중심으로 읽어 가도록 한다.
2. 반드시 암기하지 않고 천천히 이해하면서 읽도록 해야 한다. 이 공부법의 목적은 암기가 아니라 개념의 이해이다.
3. 읽는 횟수를 거듭할수록 전체를 읽는 데 시간이 더 걸려야 하므로 더 천천히 읽도록 지시해야 한다.
4. 읽은 단원의 양이 많으면 나누어 주어야 아이가 힘들어 하지 않는다.

2. 집합을 나타내는 방법 1: 원소나열법

① 원소나열법: 기호 { } 안에 주어진 집합에 속하는 모든 원소를 나열하는 방법
  이다.

  🐵 {1, 3, 9}, {2, 4, 6, …}

② 집합을 나타낼 때 원소를 나열하는 순서는 상관없지만 같은 원소를 중복하여 쓰
  면 안 된다.

③ 원소가 많아 모두 쓸 수 없을 때에는 중간이나 뒷부분을 생략하고 3개의 점을 찍
  어 나타낸다.

  🐵 {4, 8, 12, …}, {1, 2, 3, …, 100}

3. 집합을 나타내는 방법 2: 조건제시법

① 조건제시법: 그 집합의 원소가 공통적으로
  만족하는 조건을 제시하여 집합을 나타내는
  방법이다.

② 조건제시법으로 나타낼 때에는 $\{x \,|\, x$의 조건$\}$
  의 형식을 사용한다. 예를 들어
  집합 {2, 4, 6, 8}을 조건제시법으로 나타내면
  $\{x \,|\, x$는 10보다 작은 짝수$\}$가 된다.

한 번 읽었을 때의 시간 기록하기

③ 원소나열법 ⇒ 조건제시법

  • {2, 4, 6, …} ⇒ $\{x \,|\, x$는 짝수$\}$

  • {1, 3, 9} ⇒ $\{x \,|\, x$는 9의 약수$\}$

  • {5, 6, 7, 8, …, 14, 15} ⇒ $\{x \,|\, 5 \leq x \leq 15,\ x$는 자연수$\}$

④ 같은 원소를 가진 집합이라도 조건제시법으로 나타낼 때에는 다르게 표현될 수
  있다.

  🐵 {1, 2, 3, …, 9, 10} ⇒ $\{x \,|\, 1 \leq x \leq 10,\ x$는 자연수$\}$ 또는

  $\{x \,|\, x$는 10 이하의 자연수$\}$

4. 집합을 나타내는 방법 3: 벤 다이어그램

① 벤 다이어그램: 집합과 원소를 원, 타원, 직사각형 등을 이용하여 그림 형식으로 나타낸 것을 벤 다이어그램이라고 한다.

② 벤 다이어그램으로 나타낼 때 원소가 간단한 경우는 그 원소를 동그라미 모양 안에 모두 써서 나타내지만, 그렇지 못한 경우에는 그냥 동그라미 모양으로만 나타내기도 한다.

5. 집합의 종류

① 유한집합: 원소의 개수가 유한개인 집합을 말한다. 예를 들어 6의 약수는 1, 2, 3, 6이므로 6의 약수의 집합은 유한개의 원소를 가진 유한집합이 된다.

② 무한집합: 원소의 개수가 무한히 많은 집합을 말한다. 예를 들어 자연수의 집합은 그 개수가 무수히 많으므로 무한집합이다.

③ 공집합: 원소의 개수가 하나도 없는 집합을 말한다. 공집합은 기호 $\varnothing$로 나타낸다. 공집합 역시 개수가 0개로 정해져 있는 것이므로 유한집합에 속한다고 볼 수 있다. 예를 들어 1보다 작은 짝수는 해당되는 원소가 없으므로 공집합이 된다.

④ 유한집합의 경우 원소의 개수가 정해져 있으므로 그 개수를 0 또는 자연수로 나타낼 수 있다. 유한집합 A의 원소의 개수는 기호 $n(A)$로 나타낸다.

　　예 $A = \{x \mid x$는 10 이하의 자연수$\}$일 때, $n(A)$를 구하여라.　　　**답** 10

◉ 내가 이해한 내용 적어 보기

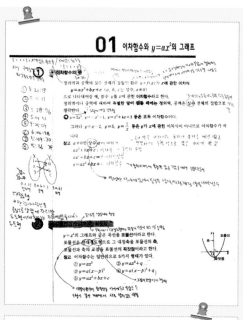

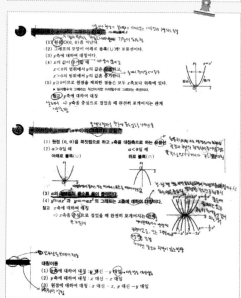

□ 영인이가 수학 과목인 〈이차함수와 $y=ax^2$의 그래프〉에 관하여
개념 정리와 읽은 시간을 표시한 부분

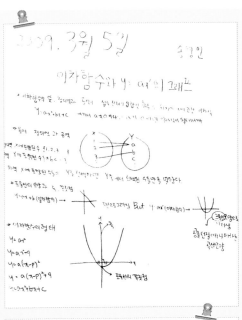

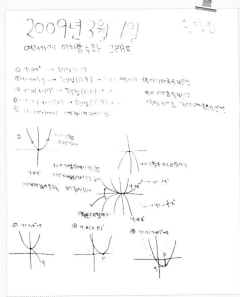

□ 영인이가 수학 과목인 〈이차함수와 $y=ax^2$의 그래프〉에 관하여
　다섯 번 이상을 읽고 A4 용지에 쓴 내용

□ 영인이가 수학 과목인 〈인수분해〉 단원을 다섯 번 이상 읽고 쓴 내용

A. 집합의 뜻과 표현

Tip

본문의 이해가 완전히 끝났을 때 비로소 문제를 풀어 보게 한다. 이때 주의해야 하는 것은 아이가 틀리더라도 곧바로 문제의 답을 알려 주어서는 안 된다.

본문에서 이해가 안 된 부분이 있다면 다시 본문을 읽어 보게 해야 한다. 스스로 문제를 풀어낼 때 비로소 진정한 자기의 실력이 된다. 이때 기본 문제를 완전히 풀 수 있을 때 어려운 문제를 풀도록 해야 한다.

1. 다음 중에서 집합이 <u>아닌</u> 것을 모두 고르면?

① 키가 큰 사람의 모임

② 2의 배수의 모임

③ 몸무게가 50kg 미만인 사람들의 모임

④ 잘 생긴 사람들의 모임

⑤ 6의 약수의 모임

2. 다음의 집합에서 조건제시법은 원소나열법으로, 원소나열법은 조건제시법으로 나타내어라.

(1) $\{x \,|\, x$는 6의 약수$\}$ (2) $\{2, 4, 6, 8, \cdots\}$

1. 집합 $A=\{x \,|\, x$는 자연수를 4로 나눈 나머지$\}$를 원소나열법으로 바르게 나타낸 것은?

① $\{1, 2\}$ ② $\{1, 2, 3\}$ ③ $\{0, 1, 2, 3\}$

④ $\{1, 2, 3, 4\}$ ⑤ $\{0, 1, 2, 3, 4\}$

2. 두 집합 $A=\{b, 2, 3\}$, $B=\{a+1, 1, 2\}$에 대하여 $A=B$일 때, a와 b의 값을 구하여라.

ANSWERS

기본 문제   1 ①, ④ / 키가 크다거나 잘 생긴 사람들의 모임은 명확한 기준이 없기에 집합이 될 수 없다.

2 (1) $\{1, 2, 3, 6\}$, (2) $\{x \,|\, x$는 짝수$\}$

응용 문제   1 ③ / 자연수를 n으로 나눈 나머지는 반드시 n보다 작아야 한다. 따라서 4로 나눈 나머지는 0, 1, 2, 3이 된다.

2 $a=2$, $b=1$ / A와 B의 모든 원소가 같아야 하므로 $a+1=3$을 만족해야 한다. 따라서 $a=2$이다. 또한 $b=1$이 된다.

천공법으로 중1 영어 공부 맛보기

※ 다음의 내용은 7차 개정 교육과정에 따라 구성한 것이며, 영어의 경우 교과서마다 단원의 내용이 다르므로 차례는 생략합니다. 이곳에 나오는 영어 지문들은 지학사 교과서를 참고하여 구성한 것입니다.

1과 My Special Friend

나는 생활 속에서 언제 영어가 필요하다고 느끼며, 영어 공부는 왜 해야 하는지 나의 생각을 적어 보자.

● 영어 공부는 왜 해야 할까?

> **Tip**
>
> 이 시간을 갖는 이유는 아이들에게 영어 공부를 해야 하는 동기를 부여하기 위해서이다. 내가 배우는 것이 나와 상관이 없다면 관심이나 흥미를 가지기 어렵다. 그러나 그것이 나와 조금이라도 관련이 있다면 아이는 호기심을 가지고 접근할 수 있다. 따라서 교사는 이 시간을 통하여 질문도 하면서 아이가 이 단원에 흥미를 가질 수 있도록 잘 유도해야 한다.

1과 My Special Friend – (가) 읽기, 문법편

다음은 지학사 영어 교과서 1과에 나오는 내용의 읽기와 문법을 정리한 것이다. 천천히 내용을 이해하면서 읽고, 모르는 단어는 그 뜻을 사전으로 찾아가며 읽어 보자.

A. 영어 지문

1. 듣기 파트에 나오는 지문

Yujin: Hi. I'm Yujin.

Kevin: Hello. My name is Kevin.

Yujin: I'm glad to meet you.

Kevin: I'm glad to meet you, too.

Yujin: Where are you from?

Kevin: I'm from Canada.

자기소개

(1) Hello. Let me introduce myself. I'm Nicole. I'm from Paris. I'm a doctor. I'm glad to meet you.

(2) Hello, everyone. I'm Jiang. I'm from Beijing. I'm a basketball player. Nice to meet you.

(3) Hi, everyone. I'm Susan. I'm from New York. I teach English. I'm glad to meet you.

2. 읽기 파트에 나오는 지문

Hi, I'm Yujin. Let me introduce my special friend. My friend is from England. You can also meet my friend in America, Canada, Australia, and many other countries.

한 번 읽었을 때의 시간 기록하기

1. 반드시 사전으로 모르는 단어를 찾아 놓는다.
2. 처음부터 암기하지 않도록 해야 하며 천천히 여러 번 생각하면서 이해하도록 한다.
3. 읽는 횟수를 거듭할수록 전체를 읽는 데 시간이 더 걸려야 하므로 더 천천히 읽도록 한다.

My friend is very, very old.

I'm almost 1,500 years old.

I'm not a man or a woman. I'm a language.

You can see my friend in books and newspapers.

You can hear me on the radio and TV.

Oh, you can meet my friend on the Internet, too. I'm already with you.

What am I?

1 be동사

① be동사: '~에 있다, ~이다'의 뜻을 가지며, 인칭에 따라 다음 3종류의 be동사가 쓰인다.

인칭		현재형
1	I	am
2	you	are
	we	
	they	
3	he	is
	she	
	it	

例 I am a language.

　　You are fourteen years old.

　　My friend is from England.

② be동사의 부정문: 「be동사 + not」의 형태이다.

　　例 I'm not a man or a woman.

③ be동사의 의문문: 「be동사 + 주어 ~?」의 형태
이다.

　　例 Are you a student?

　　　Are they Mike's friends?

시간 기록표

읽은 횟수	걸린 시간
1	
2	
3	
4	
5	

한 번 읽었을 때의 시간 기록하기

④ be동사의 의문문에 대한 대답: 긍정일 때는 「Yes, 주어 + be동사.」로, 부정일 때는 「No, 주어 + be동사 + not.」으로 한다.

例 Are you a student?

   - Yes, I am. / No, I am not.

② 조동사 can

① 의미: '~할 수 있다' 는 뜻으로, 「can + 동사원형」의 형태로 쓰인다.

例 You can also meet my friend in America.

② can의 부정문: 「can't(cannot) + 동사원형」의 형태이다.

例 You can't also meet my friend in America.

③ can의 의문문: 「Can + 주어 + 동사원형?」의 형태이며, 대답은 「Yes, 주어 + can.」 / 「No, 주어 + can't.」로 한다.

例 Can you see my friend?

   - Yes, I can. / No, I can't.

③ 일반동사

① 일반동사: be동사와 조동사를 제외한 동사를 말한다.

例 I study English.

② 일반동사의 3인칭 단수 현재형에는 s를 붙여야 한다.

例 He likes the piano.

③ 일반동사의 부정문: 「don't(doesn't) + 동사원형」을 사용한다.

例 I don't love her.

   She doesn't use a computer.

④ 일반동사의 의문문: 「Do(Does) + 주어 + 동사원형?」을 사용한다.

例 Do you like painting?

   Does he play baseball?

이해한 내용을 아래에 적어 보자.

● 내가 이해한 내용 적어 보기

Tip

모르는 단어를 찾아 쓰고 다섯 번을 천천히 생각하면서 읽게 한다. 한 번 읽을 때마다 시간을 기록하게 하며 다섯 번 읽고 난 후 그 내용을 A4 용지에 적게 한다. 잘 적어 내지 못해도 쓴 것만으로도 칭찬해 주어야 한다. 사실 보지 않고 무엇인가를 적어 낸다는 것만으로도 훌륭한 일이다. 부족할 경우 또 한 번 천천히 읽고 적을 수 있도록 지도한다.

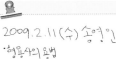

2009. 2. 11 (수) 송영인

·영용사의 용법

※ 수식용법 (한정용법)

red car 를 봤을때 해석은 빨간차가 된다. 앞에서 배웠듯이 처음 빨간차라고 의미로 판단하기 ... 보통 형용사와 비슷한 역할을 한다. 생각이 들것이나 약간의 형용사나 한정형용사라고 한다. 한정용법은 대체로 명사앞에서 something, anything, somebody, anybody ... 같이 thing이나 body로 끝나는 단어나 같이 쓰여진다.

ex) I need ┌ delicious food
             └ something delicious

※※서술용법

대명사나 명사가 조사나 목적어자리에 올때 주어(목적어)의상태를 주어대신이나 나타날때 형용사의서술법 ...
형용법
·2묘법 (주어 + 동사 + 보어) 형용사
                          └ 주격보어
ex) The present is brilliant 그선물 = 홀륭하다
·5묘법 (주어 + 동사 + 목적어 + 목적격보어)
ex) He found the product defective 제품 = 결함이있다 ... A=B + 상태로기본다
                                                           그자리에!

본예문에서는 제품이 목적어가 되수있기때문에 목적어가 주어(목적어)에앞에 과목는 완성 (the present ...
앞에는 명사자리이고(doll), 그선물= 홀륭하다(the present = brilliant)는 형용사(brilliant)가 ...
                                                             주어(목적어+서상에) 서술

2009. 2. 12 (목) 송영인

Use your senses   when you study ☺

Mr. Allen replies. "It will take a lot of work."
But here is an idea. That will might help you
think about this "Use your senses - all of them - when
you study. Mr. Allen continues 계속하다
"What do you mean?" Insu asks
"Well. first use your sense of sight. for excemple. look at a diab...
and read it. then without looking at it say aloud. It use your
sense of hearing. Now write it down on Piece of paper or
notebook with a pen or pencil. What does it feel like to write it?
Doesn't it feel like touching the meaning!
In this way, you can use your sense of touch.
If you can't remember every thing. look at the text again
repeat it aloud without looking, and try writing again

□ 영인이가 실제 A4 용지에 기록했던 내용

천공법으로 중1 국어 공부 맛보기

※ 다음의 내용은 7차 개정 교육과정에 따라 구성한 것이며, 국어의 경우 교과서마다 단원의 내용이 다르므로 차례는 생략합니다. 이곳에 나오는 국어 지문들은 지학사 교과서를 참고하여 구성한 것입니다.

1과 시와 노래

나는 생활 속에서 국어를 말하고 듣고 쓰는 데 불편함이 없는지, 국어 공부는 왜 해야 한다고 생각하는지 적어 보자.

● **국어 공부는 왜 해야 할까?**

1과 시와 노래 - 읽기, 문법편

다음은 지학사 국어 교과서 1과에 나오는 시의 지문을 참고하여 정리한 것이다. 천천히 내용을 이해하면서 읽고, 모르는 낱말은 그 뜻을 사전으로 찾아가며 읽어 보자.

A. 시

1. 시의 정의

사람의 생각이나 느낌을 운율이 느껴지는 말로 압축하여 나타낸 글(문학)이다.

2. 시의 3대 요소

(1) 음악적 요소: 시에 깃들어 있는 운율을 가리킨다.

(2) 회화적 요소: 시에 펼쳐져 있는 형상에 의해 나타나는 심상을 가리킨다.

(3) 의미적 요소: 시에 담겨 있는 정서와 사상을 가리킨다.

한 번 읽었을 때의 시간 기록하기

3. 시의 종류

(1) 형식상 분류

① 자유시: 고정된 형식이 없는, 자유로운 형태의 시. 대부분의 현대시가 해당된다.

② 정형시: 일정한 형식에 맞추어 쓴 시. 과거의 시조가 해당된다.

③ 산문시: 행, 연의 구분 없이 줄글로 쓴 시이다.

(2) 내용상 분류

① 서정시: 개인의 주관적인 생각이나 느낌을 나타낸 시를 말한다.

② 서사시: 일정한 사건이나 영웅의 이야기를 시로 표현한 것을 말한다.

③ 극　시: 극의 형식을 사용하거나 극적인 수법을 사용하여 표현한 시를 말한다.

4. 시의 운율

(1) 운율의 형성 요인

① 동음 반복

　　예 갈래 갈래 갈린 길이라도 – 'ㄱ' 반복

② 음수 반복: 일정한 음절수를 반복하여 사용한다.

　　예 산 너머 남촌에는 누가 살길래 / 해마다 봄바람이 남으로 오네 – 7 · 5조 반복

③ 단어 반복

　　예 해야 솟아라, 해야 솟아라. 이글이글 앳띤 얼굴 고운 해야 솟아라.

　　　– '해야 솟아라' 반복

④ 짜임새 반복

　　예 물새알은 / 물새알이라서 날갯죽지 하얀 / 물새가 된다.

　　산새알은 / 산새알이라서 머리꼭지에 빨간 댕기를 드린 / 산새가 된다.

　　　– '~은, ~이라서, ~가 된다' 반복

(2) 운율의 종류

① 외형률: 시를 읽을 때 표면에 드러나는 운율

　– 음위율: 같은 음이 일정한 위치에서 반복

　– 음성률: 음의 고저, 장단, 강약, 음질 등의 여러 속성들이 한 단위가 되어 규칙
　　적으로 반복함으로써 생기는 운율. 주로 영시, 한시 등에서 볼 수 있고 우리의
　　현대시에서는 보기 힘들다.

　– 음수율: 글자 수의 반복

② 내재율: 읽어 가는 동안에 독자의 마음속에서
　느껴지는 운율

5. 시의 화자

(1) 화자: 시 속에서 말하는 이로서, 시인의 생각
　과 느낌을 나타내는 인물

(2) 화자의 구실: 화자는 시인의 생각과 느낌을
　효과적으로 드러내고, 독특한 어조와 분위기
　를 만들어 내는 역할을 한다.

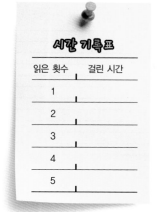

한 번 읽었을 때의 시간 기록하기

6. 시의 감상

엄마야 누나야

-김소월-

엄마야 누나야, 강변 살자.
뜰에는 반짝이는 금모래 빛,
뒷문 밖에는 갈잎의 노래,
엄마야 누나야, 강변 살자.

(1) 요점 정리

• 작가: 김소월

• 갈래: 자유시, 서정시, 민요시

• 운율: 7 · 5조의 율격

• 어조: 천진하고도 솔직한 어조

• 성격: 서정적, 민요적, 동요적

• 제재: 엄마, 누나, 강변

• 주제: 자연 속에서 평화롭게 살고 싶은 소망에 대한 그리움

• 출전: 「개벽」(1922)

(2) 내용 분석

엄마야 누나야 – 가장 사랑하는 사람들을 상징

강변 – 밝고 평화로운 세계, 즉 자연을 의미

뜰에는 반짝이는 금모래 빛 – 소망하는 평화로운 동심의 세계

뒷문 밖에는 갈잎의 노래 – 소망하는 평화로운 동심의 세계

엄마야 누나야, 강변 살자 – 반복을 통해 소망의 간절함을 강조

내가 이해한 내용 적어 보기

> **Tip**
>
> 모르는 낱말을 찾아 쓰고 다섯 번을 천천히 생각하면서 읽게 한다. 한 번 읽을 때마다 시간을 기록하게 하며 다섯 번 읽고 난 후 그 내용을 A4 용지에 적게 한다. 잘 적어 내지 못해도 쓴 것만으로도 칭찬해 주어야 한다. 사실 보지 않고 무엇인가를 적어 낸다는 것만으로도 훌륭한 일이다. 부족할 경우 또 한 번 천천히 읽고 적을 수 있도록 지도한다.

2009. 2. 12 (목) 송영인

• 봄비

이 비 그치면
내 마음 강나루 긴 언덕에
서글픈 풀빛이 짙어 오것다.

푸르른 보리밭 길
맑은 하늘에
종달새만 무어라고 지껄이것다.

이 비 그치면
시새워 벙글어질 고운 꽃밭 속
처녀애들 짝지어 새로이 서고

임 앞에 타오르는 향연과 같이
땅에서 또 아지랑이 타오르것다.

　　갈래 : 자유시, 서정시
　　운율 : 서정적, 애상적, 감각적

2009. 2. 13 (금) 송영인

• 논개

거룩한 분노는 종교보다도 깊고
불붙는 정열은 사랑보다도 강하다.
아, 강낭콩 꽃보다도 더 푸른 그 물결 위에
양귀비꽃보다도 더 붉은 그 마음 흘러라.

아리땁던 그 아미 높게 흔들리우며
그 석류 속 같은 입술 죽음을 입맞추었네
아, 강낭콩 꽃보다도 더 푸른 그 물결 위에
양귀비꽃보다도 더 붉은 그 마음 흘러라.

흐르는 강물은 길이길이 푸르리니
그대의 꽃다운 혼은 어이 아니 붉으랴
아, 강낭콩 꽃보다도 더 푸른 그 물결 위에
양귀비꽃보다도 더 붉은 그 마음 흘러라.

　　갈래 : 서정시, 자유시
　　성격 : 예찬적

　　특징 : 색깔(푸름, 붉음)으로 논개의 애국심을 부각시킴, 후렴구의 반복으로 의미강조

□ 영인이가 국어를 공부하면서 실제 기록했던 내용

교사가 천공법으로 공부시킬 때의 예시

※ 교사가 국어 공부를 시킬 때의 예시

다음은 중학교 국어 교과서에 나오는 '소나기'의 한 부분이다.

> 누렁송아지였다. 아직 코뚜레도 꿰지 않았다.
>
> 소년이 고삐를 바투 잡아 쥐고 등을 긁어 주는 체 훌쩍 올라탔다. 송아지가 껑충거리며 돌아간다.
>
> 소녀의 흰 얼굴이, 분홍 스웨터가, 남색 스커트가, 안고 있는 꽃과 함께 범벅이 된다. 모두가 하나의 큰 꽃묶음 같다. 어지럽다. 그러나 내리지 않으리라. 자랑스러웠다. 이것만은 소녀가 흉내 내지 못할, 자기 혼자만이 할 수 있는 일인 것이다.

'누렁송아지였다'에서 왜 누렁이라 하였을까?

누런도 있고 노란도 있고 노랑도 있는데 왜 누렁이라 할까? 누렁은 무슨 색깔일까? "아! 소의 색깔이다."를 생각하도록 해야 한다.

'아직 코뚜레도 꿰지 않았다'에서 코뚜레가 무엇인지 사전에서 찾아보도록 해야 한다. 송아지가 태어나고 얼마 후에 코뚜레를 꿰는지 질문하고 알아본다.

'소년이 고삐를 바투 잡아 쥐고 등을 긁어 주는 체 훌쩍 올라탔다'에서 고삐와 코뚜레의 차이점은 무엇인가? 바투는 무엇인지 사전에 찾아본다. 왜 등을 긁어 주는 체하다가 훌쩍 올라탔을까?

'송아지가 껑충거리며 돌아간다'에서 훌쩍 올라탔기 때문에 송아지가 놀라서 돌아갔겠지!

'소녀의 흰 얼굴이, 분홍 스웨터가, 남색 스커트가, 안고 있는 꽃과 함께 범벅이 된다'에서 왜 '범벅'이라는 말을 했을까? 실제로 송아지처럼 빙글빙글 돌아본다. 이 색깔 저 색깔이 섞이는지?

'어지럽지만 소녀에게 나의 용기를 자랑하려고 내리지 않으리라 생각한 것이다.' 하며 중얼중얼 읽어 보았다. 그런데 아이들한테 시켜 보면 나름대로 과목에 상관없이 스토리를 만들어 가면서 공부하는 것을 볼 수 있었다.

이렇게 내용을 하나하나 이해하면서 천천히 읽은 후 책을 덮으면 스토리를 다 알 수 있다. 아무리 공부에 관심이 없어도 천공법으로 공부하면 내용을 다 알 수 있게 되는 것이다. 암기를 하면 내일이면 잊어버린다. 그러나 생각하면서 읽으면 오래간다. 왜냐하면 생각할 때 자연스럽게 그것이 나의 것이 되기 때문이다.

부록

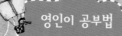

영인이 공부법

☐ 공부하고 있는 영인이

---

10. 교 과 학 습 발 달 상 황

[1학년]

교 과	과 목	1 학 기		2 학 기		비고
		성취도	석차(동석차수) / 재적수	성취도	석차(동석차수) / 재적수	
국어	국어	우	166(3)/405	양	253(3)/407	
도의	도의	우	158(8)/405	우	210(4)/407	
사회	사회	양	241(4)/405	양	236(.)/407	
수학	수학7-가	우	134(2)/405			
수학	수학7-나			미	188(5)/407	
과학	과학	미	230(2)/405	미	214(.)/407	
기술·가정	기술·가정	양	271(.)/405	미	181(.)/407	
체육	체육	수	25(2)/405	수	94(3)/407	
음악	음악					
미술	미술					
외국어(영어)	영어7-a					
외국어(영어)	영어7-b					
재량	한문					

남원주중학교

☐ 영인이의 1학년 성적표

0721-0395/0407   **2008학년도 중학교 전국연합 학력평가 개인성적통지표**

학교명	학년	반	번호	성명	응시인원	학교	학교	전체
남원주중학교	2	11	32	송영인	36	407	18,721

과목	배점	득점	원점			석차(동석차)			등 급	구간비율(%)	누적비율(%)
			학급	학교	도	학급	학교	도			
국어	100	92	88.67	83.71	83.31	20(4)	137(62)	5803(2736)		1	4	4
수학	100	40	81.33	79.27	75.87	34	373(9)	16845(401)		2	7	11
사회	100	92	82.56	78.13	75.73	8(11)	104(49)	4332(1743)		3	12	23
과학	100	92	84.78	76.11	74.26	14(4)	106(43)	4328(1621)		4	17	40
영어	100	92	84.78	77.82	74.90	15(8)	126(53)	4551(2360)		5	20	60
총점	500	408		등급			5			6	17	77
										7	12	89
										8	7	96
										9	4	100

문항 분석 현황

과목	문항	1 2 3 4 5 6 7 8 9 10 11 12 13 14 15 16 17 18 19 20 21 22 23 24 25				
국어	답 안 내 용	2 4 5 5 3 1 4 2 3 1 1 1 3 3 5 4 4 3 1 2 4 4 2				
	정 답	2 4 5 5 3 1 4 2 3 1 4 2 3 3 5 4 4 3 1 2 4 4 2				
	채점결과	O O O O O O O O O X O O X O O O O O O O O O O X				
	정 답 률	A A A A A A A X A O B A B A A A A A A A A A B X				
수학	답 안 내 용	1 5 5 4 1 2 2 4 5 3 1 2 4 4 3 2 1 5	B 21	B 15	B 27
	정 답	1 5 2 4 3 2 4 5 3 4 4 3 3 3 2 1 5	23 B 20	24 B 15	25 B 54
	채점결과	O O X O X X O X X O O O X O X X X O X X	X	O	X
	정 답	A A B A A A B A B A C 3 1 4 5 5 2 3	B	B	C
	답 안 내 용	5 4 2 1 2 5 1 3 2 4 3 4 1 4 3 5 3 2 2 3 5 1 4				

영인이의 2학년 전국연합 학력평가 성적표의 수학 과목 성적이 8등급임

성적통지표

2009학년도 1학기 3학년 1학기 학기말 1반 24번
이름 : 송영인

당임교사 (박종역) 인

과목	지필/수행	고사/영역명 (반영비율)	만점	점수	계	성취도	석차/재적수
국어	지필	1학기 중간고사 (30.0%)	100.0	93.0	96.4	수	2(2) / 90
	지필	1학기기말고사 (30.0%)	100.0	95.0			
	수행	학습태도 (10.0%)	10.0	10.0			
	수행	서술형평가 (30.0%)	30.0	30.0			
도덕	지필	1학기 중간고사 (35.0%)	100.0	90.0	93.35	수	9 / 90
	지필	1학기기말고사 (35.0%)	100.0	91.0			
	수행	수업태도 및 준비 (10.0%)	10.0	10.0			
	수행	개별학습 과제 (20.0%)	20.0	20.0			
사회	지필	1학기 중간고사 (35.0%)	100.0	95.0	96.75	수	2 / 90
	지필	1학기기말고사 (35.0%)	100.0	100.0			
	수행	중간 서술형평가 (15.0%)	20.0	18.0			
	수행	기말 서술형평가 (15.0%)	20.0	20.0			
수학9-가	지필	1학기 중간고사 (35.0%)	100.0	95.0	89.5	우	9 / 90
	지필	1학기기말고사 (35.0%)	100.0	95.0			
	수행	서술형1 (15.0%)	15.0	14.0			
	수행	서술형2 (15.0%)	15.0	9.0			
과학	지필	1학기 중간고사 (35.0%)	100.0	86.0	88.3	우	9 / 90
	지필	1학기기말고사 (35.0%)	100.0	96.0			
	수행	서술형수행평가 1 (15.0%)	50.0	40.0			
	수행	서술형수행평가 2 (15.0%)	50.0	42.0			
기술·가정	지필	1학기 중간고사 (35.0%)	100.0	95.0	96.5	수	2 / 90
	지필	1학기기말고사 (35.0%)	100.0	95.0			
	수행	나의 진로계획 세우기 (20.0%)	20.0	20.0			
	수행	공책장리 및 학습태도 (10.0%)	10.0	10.0			
체육	지필	1학기기말고사 (20.0%)	100.0	100.0	100.0	수	1(5) / 90
	수행	배구(패스) (35.0%)	35.0	35.0			
	수행	배구(토스) (35.0%)	35.0	35.0			
	수행	태도 (10.0%)	10.0	10.0			
음악	지필	1학기기말고사 (30.0%)	100.0	100.0	97.0	수	1 / 90
	수행	가창 (50.0%)	50.0	47.0			
	수행	태도 (10.0%)	10.0	10.0			
	수행	학습태도 및 책정리 (10.0%)	10.0	10.0			
미술	지필	1학기기말고사 (30.0%)	100.0	100.0	97.5	수	1(2) / 90
	수행	석고 데생 (25.0%)	20.0	20.0			
	수행	종이 공예 (25.0%)	20.0	18.0			
	수행	태도 (20.0%)	10.0	10.0			
영어9-a	지필	1학기 중간고사 (30.0%)	100.0	92.0	95.7	수	1 / 90
	지필	1학기기말고사 (30.0%)	100.0	97.0			
	수행	듣기평가 (10.0%)	20.0	20.0			
	수행	중간서술형평가 (15.0%)	15.0	15.0			
	수행	기말서술형평가 (15.0%)	15.0	14.0			
한문	지필	1학기기말고사 (60.0%)	100.0	97.0	97.2	수	3 / 90
	수행	학습과제물 (30.0%)	30.0	30.0			

상북중학교   1 / 2 | 반 | 1 | 번호 | 24 | 이름 | 송영인 |

□ 영인이의 3학년 1학기 학기말 성적표

선생님께

선생님, 안녕하세요? 저 영인이예요.

선생님이 바쁘시다보니 편지로 대신 마음을 전합니다.
아, 선생님께 편지를 쓰는게 왜이렇게 떨리는지 모르겠어요.
솔직히, 요즘 많이 힘들었습니다. 영어를 해야하는데 4시간을 해도 겨우 몇줄을 계속
버벅거리는 제가 너무 한심스럽고, 답답했습니다.

또, 요즘 다현이는 8장, 9장 술술 써가고 점점 발전해 나가는데.

저 혼자 제자리 걸음인것 같았어요. 장수보다 이해가 중요하다는건 알고있었지만
왜지모를 위기감이 느껴졌던것 같습니다. 하루종일 장수를 늘려야 한다는 생각밖에 없었
습니다. 하지만 안타깝게도 제머리는 계속 이해를 못하더라고요. 영어도 너무 많은 시간이
걸리기 때문에 장수가 늘지 않는것은 당연한 결과였습니다.

하겠다고 결심은 했는데 결심이 무너질때의 그기분은 너무나 화가나고 비참했습니다.
그러다보니, 제마음의 그릇도 좁아져 짜증이 늘고, 어머니의 충고도 기분좋게 받아드릴 수가
없었습니다. 결국 어머니와의 사이도 멀어지게 되었고 친구도 없는 제에겐 엄마가
전부였기 때문에 막막하기 끝이없었습니다. '외롭다'는 생각도 들었습니다.

그런데 어제 선생님은 매마른 제마음을 어떻게 알아주셔서 보듬어 주시는데
너무 감동이 벅차 눈물이 날것만 같았어요.
선생님! 선생님은 제 마음속 '봄' 인것 같아요.
기분이 안좋고 힘들어 지쳐서 마음속에 얼음이 생겨나도 선생님 웃음과 목소리만 들어도
마음이 녹아드는것 같거든요.
선생님은 언제나 제 마음을 다 아시고 저를 따뜻한 햇살처럼 안아주시는 '봄' 입니다.

선생님, 저는 꼭 선생님 같은 선생님이 되고싶어요.
아이들의 마음을 이해할수 있고 적절한 훈계와 칭찬을 어느아이에게, 어느때에 해야
하는지 잘 아는 능력있는 선생님이 되고 싶어요. 또 아이들과 허물없이 친근하고
가깝지만 아이를 제압할 수 있는 카리스마를 겸비한 멋진 선생님이 되고싶어요.
선생님은 그런 멋진 선생님이세요!
항상 멋지시고 능력있으신 선생님의 곁에서 공부하는 저는 분명 행운아일 거예요.

선생님! 항상 존경하고 사랑해요 ♥

P.S → 제가 글을 못써서 이상한 점이 많을거예요. 그렇지만 마음만 받아주세요^^*

― 선생님의 영원한 후원자가 되고픈 영인 올림 ―

영인이가 교장 선생님께 쓴 편지

내가 아직 시험은 보지 못해서 내 공부가 이만큼 늘었다고 정확히 말할 수는 없지만 나의 집중도는 많이 향상되었다고 자신 있게 말할 수 있다. 처음 울산 과학고에 가려고 원주에서 과학고의 생활을 상상했을 때는 내 집중력이 높아지거나, 공부에 흥미를 가질 것이라는 생각은 별로 하지 않았다. 그냥 사촌들이랑 같이 지내고 천체관에 가서 별자리를 보며 그림도 그리고 실험도 하고 재미있게 방학을 보낼 것이라고만 생각했다. 그렇지만 과학고에 엄마와 함께 갔을 때 여태까지 내 마음대로 해 왔던 젓가락질을 선생님에게서 올바른 젓가락질로 새로 배웠다. '기본을 정확히 배워라.' 하시는 말씀에 밤마다 마른 콩을 접시에서 컵으로 옮기는 일을 매일매일 했다. 그 결과 나는 정상적인 젓가락질로 고칠 수 있었다. 내가 생각하기에 젓가락질을 고칠 수 있었던 이유는 젓가락질을 고치는 일이 하나도 힘들지 않았기 때문이다. 물론 손이 떨리고 손이 빨갛게 변하지만 성취감으로 그 아픔은 잊혀질 수 있다. 그 성취감을 느낄 수 있는 것은 내가 하고자 했던 것을 이루었기 때문이라고 생각한다.
내 생각에는 공부도 젓가락질과 같은 것이라고 생각한다. 선생님이 말씀하시기를 "공부하면서 절대 힘들면 안 된다."라고 하셨다. 이 말은 공부는 힘들지 않다는 뜻이 아니라 힘든 게 당연하지만 능률적으로, 자기주도로 하면 힘들지 않다는 뜻이다. 피곤은 하겠지만 전혀 힘들지 않다. 예를 들어 원주에서는 조금만 풀어도 틀리고 다시 풀어도 틀렸기 때문에 너무나 공부하기 싫었다. 하지만 곧 엄마가 어느만큼 했는지 결과물을 보러 오실 때 혼나지 않기 위해서 풀기는 풀지만 너무나도 넘쳐나는 짜증과 싫증으로 더하기 빼기에서도 실수를 반복하고 집중도 되지 않았다. 너무나 힘은 들면서도 오랜 시간을 겨우 몇 장 푸는 데 시간을 버렸다. 그러나 이곳에 와서는 원주에서보다 더 오랜 시간과 많은 양을 풀지만 힘들지는 않다. 왜냐하면 내가 하고자 하기 때문이다. 내가 하고자 할 때 비로소 집중이 생기는 것이고 그 일에 대한 열정이 생긴다. 엄마가 내가 어떻게 해야 한다고 체크해 주는 것도 도움이 되지만 내가 하고자 하는 마음이 없다면 엄마의 말이 좋은 소리로, 효과적으로 내 귀에 들어올 수 없었을 것이다. 공부를 할수록 피로는 쌓인다. 하지만 내가 하고자 했던 그 결과를 이루면 콩을 다 옮겼을 때의 기분처럼 뿌듯함이 밀려온다. 그 뿌듯함이 내 피로를 없애 주기 때문에 난 힘들지 않고 공부할 수 있는 것이다.

□ 영인이가 쓴 글

시간	한일	느낌
6:25 ~9:10	교장선생님과 공부하고공부방법에대해 얘기함	뭔가가대고 설레었다 세상이어떻게지나가는것도 모르겠었다

2009. 1. 8(목)

송영인

영인이가 쓴 일정표

2009. 2. 1 (일) 송영인

• 빗면

가파른 경사가 있는곳은 빗면이 있으면 오르기 훨씬 쉬워진다.
빗면의 기울기가 작을수록 (완만할수록) 힘이 적게들고 시간이 더걸린다.

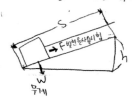

빗면을사용할때의일 = 직접들어올리는일
$$S \times F = w \times h$$
$$F = \frac{wh}{S}, \quad S = \frac{wh}{F}, \quad w = \frac{SF}{h}, \quad h = \frac{SF}{w}$$

✱ 빗면의 기울기와 일의양

① 100N 5cm 3cm

$F(\text{수레를끄는힘}) = 5x = 300$
$x = 60 N$

빗면의거리 = 5cm
일의양 = 300J

② 100N 6cm 3cm

$F = 6x = 300$
$x = 50 N$
빗면의거리 = 6cm
일의양 = 300 J

③ 100N 10cm 3cm

$F = 30N$
빗면의거리 = 10 cm
일의양 = 300J

✱ 일의양 = 거리 x 힘

3cm 100N 300J

기울기가 다르면 걸리는 시간과 힘은 다르다 하지만 일의양은 동일하다.

영인이가 과학 과목인 〈빗면〉의 개념을 A4 용지에 기록한 내용

2009. 2. 3 (화) 송영인

• 이차함수 ($y=ax^2$)

☆ 함수에대한 기억살기

정의역 ─ 공역

(a, b) ─ (c, d, e)   {c, e}
                     ↳ 잡함역때 →치역.

함수중 x의차수가 제곱이면 이차함수

☆ a≠0일때 a에대하여...
ax^2+bx+c → 이차식
$ax^2+bx+c=0$ → 이차방정식
$y=ax^2+bx+c$ → 이차함수

Don't forget it.

포물선의 모양과 축. 꼭짓점
↳ 물체를 던지면의모양
을 닮았음

x가증가할때 a>0 y도증가
"   a<0 y는감소

꼭짓점

→ y축을기준으로 대칭형이다!

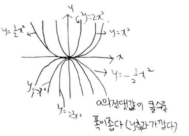

$y=\frac{1}{2}x^2$ $y=2x^2$
$y=x^2$ $y=-\frac{1}{2}x^2$
$y=-x^2$

a의절댓값이 클수록
폭이좁다 (y축과가깝다)

a>0, a<0 을때

y
a>0
x
a<0

↘ x축을 기준으로 대칭임

영인이가 수학 과목인 〈이차함수〉 단원의 개념을 A4 용지에 기록한 내용

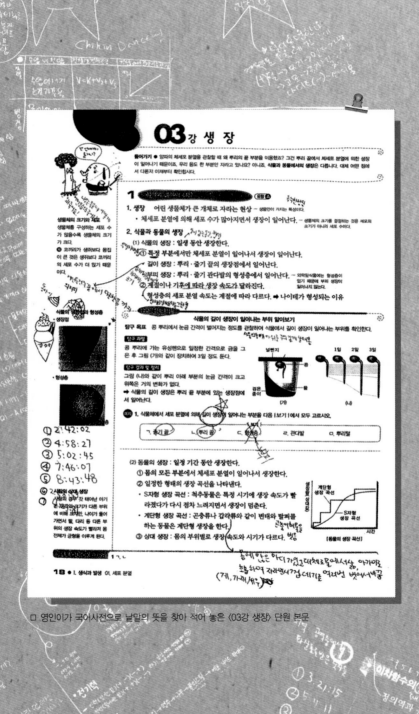

□ 영인이가 국어사전으로 낱말의 뜻을 찾아 적어 놓은 〈03강 생장〉 단원 본문

천공법으로 예습을 하고 난 후의 느낌

정희영

평소 예습을 하고 싶었지만 예습을 어떻게 할지 고민하였는데, 교장 선생님께서 예습하는 방법을 가르쳐 주셨다. 교장 선생님께서 가르쳐 주신 방법은 배울 내용을 완벽하게 이해하는 것이었다. 이해하기 위해서 모르는 단어의 뜻을 국어사전으로 찾은 다음, 그 내용을 5번씩 천천히 읽어 본다. 천천히 읽어서 머릿속에 들어오면 종이에 생각나는 내용을 적어 보고 내가 적은 내용과 배운 내용을 비교해 가며 공부를 한다.

교장 선생님께서 가르쳐 주신 방법으로 공부를 해 보니 처음에는 국어사전으로 단어의 뜻을 찾는 데 시간이 많이 걸려서 힘들고 지겨웠다. 그러나 단어의 뜻을 알게 되니 내가 아는 것이 더 많아진 느낌이 들어서 좋았다. 그리고 5번을 천천히 읽으라고 하셨을 때는 왜 5번씩이나 읽어야 하는지 이해가 안 되었다. 처음 한 번 읽었을 때는 무슨 내용을 설명하는지 이해가 안 되었다. 두 번 읽고 나니 무슨 내용을 설명하는지 알게 되었고, 세 번 읽고 난 다음에는 내용을 점차 이해하게 되었고, 네 번 읽은 후는 완전히 이해가 되었다. 마지막 다섯 번을 읽은 후에는 내용이 머릿속에 쏙 들어왔다. 그러고 나니 선생님께서 왜 5번을 읽으라고 하셨는지 알게 되었다. 그렇게 한 다음 종이에 그 내용을 써 보았다. 이때까지 공부한 것을 써 본 적이 없어서인지 머릿속에는 있지만 쓰는 것이 힘들어 조금밖에 쓰지 못하였는데, 이 방법으로 반복하여 여러 번 공부를 하니깐 읽은 내용을 종이에 어렵지 않게 적을 수 있었다.

이러한 방법으로 공부를 한 후, 학교 방과후 수업을 들으면 내용을 아는 것이라서 선생님께 궁금했던 점을 질문해 보고, 문제 푸는 것도 술술 잘 풀려 나가서 기분이 좋고, 수업 시간에 더욱 집중하게 되어서 좋고 뿌듯한 것 같다.

2010년 1월 12일 화요일

□ 희영이가 쓴 글

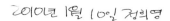

2010년 1월 10일 정희영

I. 유럽세계의 형성
2. 유럽세계의 성립과 발전

＊ 게르만족의 이동과 유럽세계의 성립
(1) 게르만족의 이동
① 게르만족 : 스칸디나 반도 북부해안에서 거주, 수렵, 농경, 목축
② 이동배경 : 서로마 제국영토, 우크라 각지에 분포 형성
③ 연유동 : 인구증가, 농경지 부족, 훈족의 흑해연안 이동 → 대이동 시작
③ 진입로 ~ 로마의 경계
① 설립 : 프랑크 족의 갈리아지방에 건국
⑥ 반전 : 클로비스 ~ 로마카톨릭교 개종
      카롤링거왕조 ~ 이슬람세력 격파 → 서유럽의 대표
      카롤루스 대제 ~ 유럽대륙을 차지, 서로마의 황제 대관, 학문과 문예 부흥
③ 문제 : 카롤루스 대제 이후 ...

...

(중략)

군주는 중앙 아시아 초원지대의 유목민족이다. 이들이 인구와 게르만족을 압박한 결과, 서부...

＊ 비잔티움 제국과 그 문화
(1) 비잔티움 제국의 성립과 발전
① 성립 : 4세기경 동서로마 분열이 동시 마지막
② 특징 : 유럽과 아시아가 만나 문화발상지, 동서교역의 중개무역으로 형성, 상업과 수공업 발달, 정치, 군사중심지 역할, 그리스 정교회
③ 전환 : 6세기 공말 유스티니아누스 대제 ~ 옛 로마 제국의 영토 대부분을 차지, 로마법 집대성

...

(ㄹ) 비잔티움 문화 : 로마문화의 전통, 그리스도 헬레니즘 문화, 그리스정교
① 비잔티움 양식 : 성소피아성당의 돔, 모자이크 장식
② 의의 : 그리스 고전문화 보존 → 서유럽에 전파와 ...

희영이가 방과 후 수업을 듣기 위해 사회 과목인 〈유럽 세계의 성립과 발전〉 단원의 개념을 정리하고, 다섯 번을 천천히 읽은 후 A4 용지에 기록한 내용

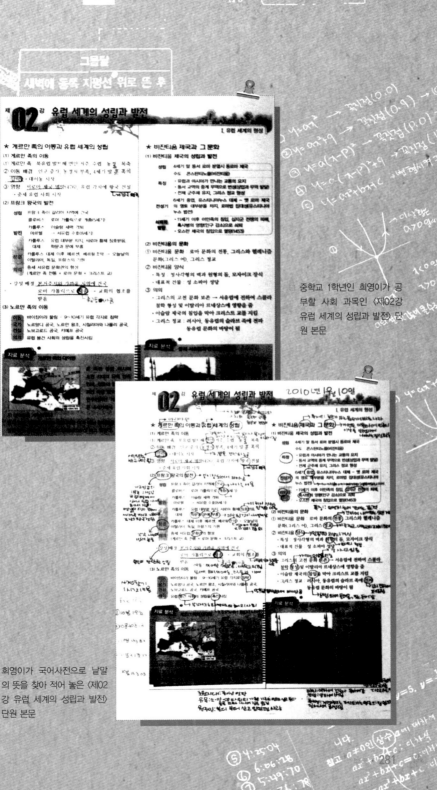

□ 중학교 1학년인 희영이가 공부할 사회 과목인 〈제02강 유럽 세계의 성립과 발전〉 단원 본문

희영이가 국어사전으로 낱말의 뜻을 찾아 적어 놓은 〈제02강 유럽 세계의 성립과 발전〉 단원 본문

울산매일신문의 교육 칼럼에 소개된 구영중학교 교장 허남술 선생님의 글로
『도박사의 천공법』 이야기를 마무리하겠습니다.

> **"한반도 과학교육 발전 위해**
> **생각에 그치지 않고**
> **발로 뛰는 전인교육 실천 "**

　　울산과학고등학교 도임자 교장 선생님은 도선생으로 화학 과목을 한
20년쯤 가르치시다가 도박사가 되셨습니다. 그래도 '도선생' 보다는 '도
박사' 가 듣기에 낫다고 농담을 하면 그냥 빙긋 웃고 맙니다. 박사 학위를
얻기 위해 공부하는 과정을 멀리서 지켜본 필자로서는 저렇게까지 고생
하면서 공부해야 할까 하는 생각을 할 정도였습니다. 박사가 되고서 울산
광역시교육청 창설기에 전문직으로 들어가 장학사, 장학관으로 7년 넘게
근무했습니다.

　　장학관 시절 과학고등학교 교장이 되려는 비전을 가지고 미국에 가서
꼬박 6개월간 유학을 했습니다. 사춘기를 지나는 자식들이 한창 고민을
가지고 클 나이였습니다. 그것도 모자라 호주에 가서 또 3개월을 공부했
습니다. 이것은 보통 사람으로서는 특히 자식을 키우는 엄마로서는 감당
하기 어려운 모험이고 희생이었습니다.

2006년 3월 드디어 울산과학고등학교가 개교했습니다. 울주군 상북면 고헌산 자락에, 길을 지나며 흘깃 보아도 명당에 터를 잡았습니다. 2년이 한참 더 지나도 나는 그 학교에 들러서 인사드릴 기회가 없었습니다. 들려오는 소문에 의하면 교장실에 울산에서 가장 큰 원형 테이블이 있다는 것이었습니다. 이 원형 테이블은 수년 전 울산광역시교육청 교육감실에 쓰려고 맞추어 놓았다가 국민의 세금을 쓰는 교육청이 너무 사치스럽다고 언론에서 두들기는 바람에 창고에 방치해 둔 걸 교장 선생님께서 미리 파악하고 헐값으로 구입해 교장실 벽을 쌓기 전에 넣었다는 것입니다.

나는 그 원형 테이블이 얼마나 클까 늘 궁금했습니다. 그러다가 지난 5월 말 미국에 건너가서 공부해 교수 노릇을 하고 있는 울산여고 제자인 권 박사 준희의 방문을 빌미로 교장 선생님을 만났습니다. 80년대 중반 울산여고에서 함께 가르친 인연이 있어서입니다. 한 시간 남짓한 저녁 식사 시간 동안 필자는 밥을 먹은 것이 아니라 감동을 먹었습니다.

교장 선생님은 예전에 가르치던 제자를 만나면 부끄럽다고 했습니다. '이렇게 열심히 설명해도 아직 모르느냐?' 고 다그친 것이 부끄러워 교사들에게는 제발 학생을 억지로 가르치지 말고 질문을 기다리라는 부탁을 입버릇처럼 한다고 했습니다.

밤 10시가 넘으면 아이들이 공부하는 도서관에 들어가 '너희들이 훌륭한 과학자가 되고 싶으면 지금 바로 들어가서 자라.' 고 쫓아낸다고 했습니다. 머리를 맑게 하고 몸을 성장하게 하는 호르몬이 밤 10시부터 새벽 2시 사이에 집중적으로 생성되는데 이 시간에 잠을 자야 한다는 것이었습니다. 이런 교장의 뜻을 이해하지 못하는 학부모도 간혹 있다고 했습니다. 그러나 그 길이 확실한 길임을 알고는 포기할 수 없다고 하셨습니다.

전교생 훈시를 할 때도 일장 연설을 하는 것이 아니라 학생을 지명해 자기소개를 시키거나 수리·과학적 원리를 '교장인 내가 초등학교 5학년 동생이라 생각하고 알아듣도록 설명해 보라.'는 형태라고 했습니다.

길을 지나가다가도 중학생 아이들을 보면 명함을 건네며 우리 학교에 오면 학교의 모든 것을 친절히 안내해 줄 테니 부모님 하고 꼭 들르라는 부탁을 한다고 했습니다.

또 틈을 내어 하루에 한두 명씩 아이들을 불러 상담을 한다고 했습니다. 그 일을 위해서 기숙사에도 방을 하나 정해 놓았지만 30년 이상을 살던 부산을 떠나 언양으로 아예 이사를 했다고 했습니다.

그리고 과학 공부만 하는 아이들에게 모자랄 수 있는 호연지기와 예술적 정서를 심어 주기 위해 모든 학생들에게 태권도와 스포츠댄스를 배울 수 있는 시간을 마련했다고 했습니다. 또한 크든 작든 악기 하나씩은 다룰 줄 아는 사람이라야 멋진 인생을 살 수 있다는 것도 늘 강조하신다고 했습니다.

수학여행도 무리인 줄 알면서 미국을 다녀왔다고 했습니다. 이 아이들의 무대는 이미 한반도를 벗어나야 한다는 것을 깨닫게 해 주기 위한 배려라고 했습니다. 물론 이러한 학교교육과정이 말처럼 쉽게 이루어진 것은 하나도 없다고 했습니다.

나는 우리 교육의 당면 과제인 토론발표식 수업과 전인교육이 이 학교에서는 대부분 실현되고 있음에 놀라움을 금치 못하였습니다.

식사를 마치고 늦은 시간에 교장실에 들렀습니다. 신문과 방송에 난 과연 큰 원형 테이블이 거기에 있었습니다. 그런데 나는 원형 테이블보다 그 옆자리 바닥에 꼬물대고 있는 다섯 상자나 되는 누에를 보고 놀랐습니다. '교장실에 웬 누에냐?' 고 내가 물으니, '요즘 아이들이 말로만 들었지 누에가 자라는 모습을 한 번 보기라도 했겠느냐?' 고 되묻는 것이었습니다.

교장실은 여자 교장 선생님임을 전제로 할 때 그리 깨끗하지 않았습니다. 책상 아래에는 여러 종류의 신발이 네 켤레나 놓여 있었습니다. 머리로만 생각하는 것이 아니라 발로 뛰는 교장 선생님의 모습이 그려졌습니다.

지금 내가 한 이야기는 기억의 한계로 인해 교장 선생님의 현재 삶을 제대로 전했다고 할 수가 없습니다. 그렇지만 한 가지 분명한 것은 도박사님으로 인해 우리나라의 과학교육이 한 걸음 더 앞으로 나아갈 것이라는 믿음이 생겼다는 것입니다.

구영중학교 교장 허남술

천천히 공부하는 학습법

도박사의 천공법

1판 1쇄 발행 2010년 3월 25일
1판 3쇄 발행 2012년 6월 20일

지 은 이 | 도임자
그　　림 | 이명애

발 행 인 | 신재석
발 행 처 | (주)삼양미디어
등록번호 | 제10-2285호
주　　소 | 서울시 마포구 서교동 394-67
전　　화 | 02 335 3030
팩　　스 | 02 335 2070
홈페이지 | www.samyang*M*.com

ISBN | 978-89-5897-190-0(03300)